融合教育实践系列

Building on the Strengths of Students with Special Needs:
How to Move Beyond Disability Labels in the Classroom

特殊需要学生的融合教育支持

[美] 托比·卡滕（Toby Karten）/ 著

陈 烽 李姝蕾 李晨阳 / 译

华夏出版社
HUAXIA PUBLISHING HOUSE

目 录
CONTENTS

引言 ·· i

第一章　阅读障碍及其他阅读困难 ·· 1
第二章　注意力缺陷多动障碍 ·· 13
第三章　社交障碍、情绪障碍及行为障碍 ·· 24
第四章　特定学习障碍 ··· 33
第五章　执行功能障碍 ··· 44
第六章　言语语言障碍 ··· 51
第七章　听觉处理障碍 ··· 62
第八章　孤独症谱系障碍 ··· 67
第九章　智力障碍 ·· 79
第十章　失聪及听力障碍 ··· 88
第十一章　失明及视力障碍 ··· 94
第十二章　肢体障碍 ·· 100
第十三章　多重障碍 ·· 105

附录 A　"扬长"活动建议 ··· 112
附录 B　各种策略、方法 ··· 114
附录 C　个性化教学档案 ··· 116
附录 D　扩展阅读书目 ·· 118
附录 E　相关术语列表 ·· 123

引 言

《特殊需要学生的融合教育支持》主要介绍特殊需要学生的特点、长处，讨论支持其入读普通学校的融合策略，包括小学、中学及高中各个教育阶段的融合策略。全书共十三章，每一章针对一种残障情况。不过，这里需要强调的是，每一位学生都是独一无二的个体，不管他们是否有残障。另外，还要注意某些残障的表现往往互有交叉重合。换句话说，有特定学习障碍的学生在注意力和社会性方面可能也有困难，有阅读障碍的学生可能也有注意力缺陷多动障碍的表现，有智力障碍的学生在言语或语言方面可能也有困难。因此，本书各章介绍的融合策略并不局限用于所属章节针对的残障情况。

还有一种情况也极为常见，即学生往往合并几种残障，症状表现比较复杂，轻重程度也各不相同。其实，我们所有人，无论是否有残障，能力强弱都各不相同，优势和弱势也各不相同，就像一个连续的光谱。有的学生有阅读障碍，在阅读理解和写作能力方面可能比较弱，但也有值得发掘和发挥的长处。也许他们在音乐或者美术方面非常出色，如果是这种情况，就可以为其提供机会，让他们去创作说唱歌曲或歌谣、制作拼贴图画，或者以数字化形式呈现小说的情节内容。有的学生有情绪障碍，但在写作方面可能却很出色。还有的学生有听力障碍，但在科学方面却很有天分。最重要的是，教师和其他工作人员应该基于学生的能力，利用学生的兴趣、发挥学生的长处，接纳和尊重学生本来的样子，同时采取合适的干预方法，及时回应学生的特殊需求，帮助学生实现融合，这样就可以大大缓解学生在课堂上的困境。我们的最终目标是抛开残障标签，而不是用这些标签来定义学生。

我的教师生涯始于1976年，当时是在布鲁克林一所私立学校任教。那所学校有各种各样的学生，他们的社会经济水平不同，民族种族不同，认知和沟通水平各不相同，感官和身体等各个方面的状况也都不同，其中有些学生被确诊有妥瑞氏综合征、脊柱侧弯、脑瘫、孤独症、情绪障碍或学习障碍。还有些学生被确诊为智力发育迟缓（现在称为智力障碍）和轻微脑功能失调（现在通常称为注意力缺陷多动障碍，简称为 ADHD），这些名称现在已经不再使用。

我教过一名学生，只要我递给他两件书写工具——不管是两支蜡笔、两支铅笔还是两支马克笔，他就会大喊一声"击剑！"，然后就开始左右手互搏。有一名学生经常骂人，还有一名学生只写大写字母。还有一位总是仿说，不管听到别人或者电视广告里说什么，都会鹦鹉学舌。有些学生说英语，有些学生用手语，还有些学生主要使用非英语作为沟通语言。有些学生来上学的时候带着漂漂亮亮的爱心便当，有些学生连午饭都没有，还有些学生无论身体上还是精神上都伤痕累累。

当时的公立教育体系普遍认为，这些学生都应该去一个单独的地方——而不是附近的学校，才能得到最适合他们的教育，但是，我从来都没觉得这些学生中有谁是不健全的、学不了东西的。他们都是一样的：上的是同一所学校，进的是同一个班级，跟的是同一位老师——我。作为一名年轻的教育工作者，当时的我满怀激情，非常渴望了解如何教好每一位学生。有些教学方法比较传统，有些在当时看来就有点"离经叛道"。我们押尾韵背单词、念课文、给杂志图片配文字、编故事、出刊物、做数学应用题，还写过研究报告。我们坐着纽约的大公交去博物馆参观，在大自然中漫步，去附近的公园放松，到酒庄买东西，开着车去洗车，还逛过唐人街。

除了直接教学、大班授课以及个性化辅导之外，我还为学生提供更多机会去体验生活（并将学业和实用技能融入其中），让他们成为社区和城市的参与者。这种学校在当时并不多见，因为这里的学生的行为特点和学习表现都比较特别，跟他们的同龄人没法比。他们都有所谓的障碍——在别人眼里是障碍，但在我眼里是挑战，他们的与众不同是身为老师的我需要面对的挑战，而不应该成为他们学习的障碍。我迎接了这一挑战，而且，值得开心的是，我挑战成功了。

这些年来，我在好几个州的学校当过老师，公立、私立的都有。我给特殊教育教师和普通教育教师做过培训，与不同学区的管理人员都合作过，教过要当老师的大学生，还在不同国家举办的专业会议上发过言。我见过各种各样的学习者，也因此意识到给学生贴标签这种事真的是既没必要，也没道理。法律上也许需要这种残障标签，这是为了保证学生能够得到应得的服务资源，但是，这种标签并不能让我们了解学生的好恶、兴趣、长处和潜能。

我接受特教领域职前教育那几年，刚好赶上国家开始立法保障残障学生的教育权利，那真是一部具有划时代意义的法律。在我上大三的时候，94-142 公法，即美国《残疾儿童教育法》(Education for All Handicapped Children Act, EHA)生效。那一年是 1975 年，距今已有四十多年。这部里程碑式的法律此后经过多次修订、完善以及司法解释，最后更名为美国《残疾人教育法》(Individuals with Disabilities Education Act, IDEA)。1975 年之前，残障学生常常得不到普通学校或班级的接纳，无法与普通同龄人一起学习。当时普遍认为，如果学生在学习、注意力、记忆力、情绪、社交、行为、沟通、发展以及身体等方面与所谓"正常"学生存在差异，那就没办法赶上后者。这些学生得到的机会和资源有限，家长、老师对他们的期望值也比较低，再加上社会对他们的负面成见，导致一大批人都没能完成学业（Vaughn, Danielson, Zumeta, & Holheide, 2015）。

如今，根据《残疾人教育法》的要求，所有接受特殊教育服务的学生都有自己的个性化教育方案，方案中必须明确学生的学习需求，这个方案称为个别化教育计划（individualized education program, IEP），具有法律效力。个别化教育计划包括但不限于下列内容：介绍学生当前的学业表现和功能水平（present level of academic achievement and functional performance, PLAAFP），明确学生的学习目标，列出为其提供的相关服务，比如作业治疗、物理治疗、心理治疗、定向行走、听觉和视觉辅助服务和支持资源、言语语言辅助服务和支持资源。个别化教育计划还需说明为学生选择何种教育安置形式及理由、学生在普通班级的融合程度、为其提供相关服务和支持资源的类型以及时长、学生接受这些服务的具体地点、必须为其提供的合理便利以及适当改动（比如延长考试时间、调整座位远近，或者以某种形式呈现教学内容以满足学生在视觉、听觉、动觉、触觉等方面的需求等）。如有必要，还应在学生的个别化教育计划中包括转衔服务计划，如果预计学生会在暑假期间出现退步，则应明确是否需要延长学年（extended school year, ESY）服务[①]及其详细内容。

个别化教育计划中的"个别化"，意思就是学生的学习目标以及与其相关的教育决策都是根据学生的个体情况确定的，从不取决于学校所在学区是否能够提供相关服务，只取决于学生当前的表现和水平是否需要这些服务。这些目标是可以量化的，其目的在于让学生在适合其情况的前提下最大限度地学习普通教育课程。普通班级被视为最少受限制环境（least restrictive environment, LRE），而其他教育安置形式的限制多少各不相同，有的是在普通班级中提供额外的辅助和服务，有的是安排一位

---

① 译注：延长学年服务，指的是超出平均学年时长的教育服务。

助理教师提供辅助和/或咨询服务。上述服务包括：资源教师在课堂上提供的服务，或是暂时带学生离开教室去其他地方提供的服务；在单独的特殊教室提供的服务；在特殊学校就读，通过家庭或医院进行教育安置，或者在某些寄宿学校或机构中单独安置。不管决定采取哪一种教育安置形式，都要基于学生的个性化需求和当前的水平，在教学过程中都要考虑学生的困难和长处。

《残疾人教育法》旨在为所有残障学生提供适合个人情况的免费公立教育（free and appropriate public education, FAPE），同时监测学生是否实现了既定学习目标，还有多少差距，并且持续跟踪进步情况。制订个别化教育计划的团队包括学校工作人员、学生家庭成员、应邀提供相关资讯的人士。如果学生本人有意愿、有能力，也可以参与制订过程。制订计划还需要对学生进行评估以判断其功能水平。《残疾人教育法》规定了13种残障类别，分别是孤独症、视力障碍（包括失明）、失聪、盲聋、听力障碍、特定学习障碍、情绪障碍、智力障碍、多重障碍、肢体障碍、创伤性脑损伤、言语语言障碍以及其他健康损害。判断是否属于发育迟缓，针对的年龄段是从出生到9岁。发育迟缓的判断标准由各州自行界定，包括认知、身体、社交、情绪、沟通和适应性行为等各个方面的发展情况。

即便孩子的情况达不到《残疾人教育法》中接受特殊教育服务的标准，孩子也可能有资格获得504计划所提供的服务。504计划指的是1973年《康复法》第504条，该条款旨在消除对残障学生的歧视，无论其残障情况属于何种性质、严重程度如何（美国教育部、民权办公室，2015）。例如，有注意力缺陷多动障碍的学生可能达不到《残疾人教育法》中其他健康损害（other health impairment, OHI）的标准，但可以通过504计划获得教育服务。如果学生经评估确认有明显影响其重要生活活动（比如呼吸、走路、视物、听音、讲话、学习、工作）的生理障碍或者心理障碍，那么根据504计划，就可以获得相应的服务。服务和安置包括但不限于在普通班级中提供额外的辅助支持、在单独的环境中提供特殊教育服务。与个别化教育计划一样，504计划也是由教育团队基于学生个人情况共同制订的教育计划，也需要通过跟踪、评估确定学生需要在何处接受服务及学生接受的服务是否适合等。两种计划虽然经费来源不相同，但所提供的服务都是始终基于个性化需求的。

还有一部法律是《美国残疾人法》(Americans with Disabilities Act, ADA)，于1990年生效，其目的是禁止在就业市场、公共设施（包括学校设施）、商业设施以及交通环境方面歧视残障人士。这些年来，和《残疾人教育法》以及《康复法》第

504条一样,《美国残疾人法》也经过了多次修订,以便完善服务。该法案在最近一次的修正案中扩展了残障的定义,旨在禁止歧视并且保证残障人士享有平等机会。以改善学校环境为例,根据《美国残疾人法》的规定,浴室门或教室门必须加宽以方便坐轮椅的学生出入,还须为书写有困难的学生配备记录员、在学校戏剧表演活动中配备手语翻译,以及在必要时提供其他课内和课外支持。符合《残疾人教育法》残障标准的儿童也受到《康复法》第504条和《美国残疾人法》的保护。

尽管在学校内外都有法律保护残障学生的权利,但是,人们对多样性的态度往往五花八门。值得庆幸的是,自从有关禁止强制剥夺个体生育权利、强制收容隔离以及隔离弱势群体等法规生效以来,情况已经有了很大改观。在美国,曾有所谓的"丑陋法"(Schweik, 2011)[①],禁止畸形人士——或者被认为有碍观瞻的人——出现在某些公共场合,也正是因为有了这类法律,大量保护公民权利不受侵害的法律才会"应运而生"。不过,直到今天,人们看待不同残障的态度以及对残障的接纳程度还是各不相同。公众对于某些残障依然缺乏足够的了解,对这些残障学生也有颇多偏见和进行污名化的情况。例如,对大脑的研究表明,有阅读障碍或者注意力缺陷多动障碍的人并不是故意不好好做事,他们的不良表现都是有器质性原因的,但还是有人觉得他们就是懒或者故意的。

照顾特殊需要学生(比如有情绪障碍或失聪)的需求,基于他们的能力采取有效的教学策略,这种做法也常常遭到误解。比起某些比较明显的残障,对于那些"隐性的"或者不太容易看得出来的残障,人们的宽容度往往较低。例如,老师绝对不会要求坐轮椅的学生像别人一样站起来走路,也不会要求失明的学生看见、失聪的学生听见,那么凭什么要求有情绪障碍的学生没有情绪化的表现,要求有特定学习障碍的学生在没有必要辅助和支持的情况下完成课堂任务呢?有肢体障碍的学生可能需要轮椅或支架,而有视力障碍的学生则需要大字课本和录音设备。同理,有学习障碍和行为障碍的学生也需要在相应的循证方法支持下才能在学校环境中取得进步。在今天的课堂上,"多样性"的定义已经得到了很大的扩展,人们不再将残障看作一种需要隐藏或者消灭的"非正常状况",而是将其视为一种特质。而所谓"正常"通常含有这样的暗示:问题出在学生身上,不能指望或者要求教育环境根据学生的需求做出相应改变(Moore, 2013)。

---

① 译注:"丑陋法"是1867年通过的,直至1970年,在美国某些城市类似的法律还依然有效。

所有的学生都很了不起，不管他们是否有残障。正如本书从头到尾都在强调的那样：每个孩子都是不一样的。强化、激励、示范、协作式规划以及支架式辅助，所有这些都可以帮助教育工作者为能力水平各不相同的学生提供学习机会，帮助他们在学业、社交、情绪和行为方面达到更高目标。每个人都有可能需要学习新东西，也没有哪个人是完美的学习者。特殊教育教师和普通教育教师应该齐心协力，为学生量身定制个性化的教学方案，针对个体情况进行干预。《每一个学生都成功法》（Every Student Succeeds Act, ESSA）中有关于各种学习困难及其个性化教学设计方面的内容。其中包括提供各种各样的支持和干预，还有各种评估手段，以便从中发现和测量学生的进步。所有孩子生来都是独一无二的个体，都是个性化教育的服务对象，不管他们是否有个别化教育计划、是否有残障标签。《每一个学生都成功法》中介绍了一种基于学生当前能力的教学方法，这种方法不仅重视总结性评估，也重视形成性评估，还会基于学生的表现进行评估。

学习是一个过程。我是一名瑜伽新手，经过一年多的练习，才差不多能做到保持树式姿势一分钟不倒。有位瑜伽教练就说，我们每个人所处的学习阶段都各不相同，还说瑜伽讲究的是身心之间的联结。她当着全班同学的面一针见血地指出，不要用别人做了什么来衡量我们自己的价值，而是要为自己成为班级的一分子而自豪——我们每个人都应该看重自己付出的努力以及对集体的特别贡献。

过程总是在不断变化的。要学会重视计划、坚持不懈，同时权衡各种选择。不是每一天都能够完美地度过，也没有完美的孩子或者完美的课程。我们有天赋也好，有孤独症也好，既有天赋又有孤独症也好，有学习障碍、语言障碍或者情绪障碍也好，不管怎样，在融合教育的旅程中，我们都是一路同行的旅伴，每个人都在不断接受锤炼。我们需要专业知识，需要前期规划，还需要坚持不懈的毅力和耐心。就算没做好也没什么，不过不能就此躺平。最重要的是，要有积极向上的态度，还要相信所有学生都有能力提升自我效能[①]，都有能力赶上同龄人的步伐，这至关重要。

有一次上课时，我的一名学生因为过于在意另一名学生对他的评价，觉得自己受到了人身攻击，不管我怎么说、怎么劝，他就是放不下这件事。于是，我中断了讲课，在黑板上写了几个大大的字：是很严重，那又怎样？该怎么办？突然间，全班同学的注意力都被吸引了过来，那名学生也停下来开始思考。我们都需要停下来思

---

① 译注：自我效能指的是个体对自己是否有能力完成某一行为所进行的推测与判断，与自我能力感同义。

考，然后再计划下一步行动。不管前方遇到什么障碍，也不管眼下碰到哪些困难，我们都要依靠数据为自己的决策提供参考，始终推动融合教育向前发展。

本书坚持认为，我们首先要认可人类的多样性，然后是接纳多样性，尊重学生之间的差异，再辅以适合个体情况的系统化教学指导。永远都不要认为学生学不成，他们只是暂时还没学会，而学习需要有效的策略，有了策略才能利用其长处、提升其表现。真正"正常"的教学应该适应各种层次水平的"非正常"学生，而不是将残障学生视为低层次的学习者。

在课堂上，需要记住的重点如下：

- 每一位学生都不一样！
- 对学生进行强化，应该贯彻始终，要有实际意义，还要充满激情。
- 激励可以来自外在因素，也可以来自内在因素。
- 希望学生如何反应，要先给出示范。
- 基于学生个体情况，进行协作式规划，把握教学节奏，再通过支架式辅助，帮助学生逐步提高技能水平。
- 学业、社交、情绪以及行为等方面的目标常常是你中有我、我中有他，相辅相成。
- 必须基于数据进行教学决策。
- 组织安排课堂活动应辅以多层支持系统（multitiered systems of support, MTSS）。
- 应该让学校工作人员、学生本人及其家庭成员都参与进来、负起责任。
- 每一天、每一分、每一秒都是教育的契机！

第一章
阅读障碍及其他阅读困难

障碍原因

脑部扫描显示,有阅读障碍(dyslexia)的人的大脑有个区域与普通人不同,这个区域称作胼胝体,由神经细胞构成,这些神经细胞连接左右脑,负责来回传递信息。左右脑之间保持平衡畅通状态的时候,学习效果最佳。左右脑——两个半球的功能设置不一样,天生就负责执行不同的功能。左脑观察事物的时候,会从局部看起,然后才是整体。"左脑型"的人首先注意的是细节,之后才是全局。例如,他们看向夜空的时候,可能只见星星、不见苍穹。

拿阅读来说,左脑会以结构化的方式将事物按一定逻辑梳理清楚,比如:

- 将字母和发音联系起来;
- 将单词分解成发音组合;
- 将语法和句法分析清楚。

相比之下,右脑(通常被称为大脑的创新区域)会将单词整个地看作一张图片、某个形状、某种图案(而不是不同发音的组合)。

右脑的表现,就好比看向夜空的时候看不到星星,看向大海的时候看不到波涛汹涌。单词是由字母组成的,字母各有各的发音,但是有阅读障碍的学生很难理解一个个音素。左右脑之间的信号传递有误,导致他们无法破译和解读书面语言。阅读障碍往往是家族性的,已有证据显示其中有遗传基因的作用(Lyon, Shaywitz, & Shaywitz, 2003; Siegel, 2006; Wagner & Torgesen, 1987)。

特征表现

　　阅读障碍与认知相关，而认知又是阅读的基础，认知因素会影响语音处理、字形结构处理[1]、快速自动命名（rapid automatic naming, RAN）[2]、信息处理速度、工作记忆[3]、注意力以及执行功能（新泽西州教育部门）。简单地说，我们要搞清楚如何将组成单词的字母以及这些字母的发音联系起来，还要搞清楚如何将一个单词分解成一个个不同的发音，不但要搞清楚，还要学会、记住，而语音处理能力弱，就会对上述过程产生影响。字形结构处理能力弱，则很难学会如何写出符合要求的字来，也很难记住常见词。阅读障碍最典型的表现可能就是写字左右颠倒、上下颠倒，不过，对于有阅读障碍的学生来说，字形结构处理方面的困难太多了，写字颠倒不过是九牛一毛。有时，有阅读障碍的学生会把相似的字母和单词弄混，也很难对文字进行编码（拼写）和解码（认读）[4]。尽管这些特征确实客观存在，但有阅读障碍的学生也能通过一些办法来克服困难。想要教会他们解读单词，可以采取适合学生个体情况的多感官教学方式，比如将单词做成凸起的形式让他们触摸，以此提高拼写能力[5]；用打响指或打拍子的方式来标记单词中的每个音节，以此记住这个单词的发音[6]；听有声课本，听上课录音回放，以图画的形式来呈现自己对于某些概念的理解，通过划分音节来分解代数、科学或者历史课本中难度较高的词汇[7]。

　　阅读障碍涉及但不限于语言、阅读、写作以及社会情感等领域，如果学生在上述领域表现异常，就应引起警惕（美国学习障碍中心，2015）。学生在识别单词的时候可能不够准确或者不够流畅。他们可能记得住单词，却没有破解发音的奥秘，看到和听到单词的时候，也无法把发音和符号联系起来。有些有阅读障碍的学生擅长

---

[1] 译注：指的是识别字形和书写规则等，目前文献大多译为"正字法加工"。
[2] 译注：被学界认为是阅读能力的有力预测指标。
[3] 译注：工作记忆（working memory），对信息进行暂时加工和储存有限容量的记忆系统，与人们通常理解的记忆力，即长期记忆不同，工作记忆是从长期记忆和周围世界中检索信息、掌握信息、处理信息的认知能力，了解这个概念很重要，因为有注意力缺陷障碍、执行功能障碍、孤独症谱系障碍等障碍的人都可能有工作记忆的困难，但不一定有长期记忆困难。
[4] 译注：就是听了写不出来，看了念不出来。
[5] 译注：原理是通过触觉刺激帮助学生感受字母的形状和位置，加深对字母的印象。
[6] 译注：原理是通过听觉刺激和动觉刺激帮助学生掌握单词的节奏和发音。
[7] 译注：原理是通过视觉刺激和听觉刺激帮助学生分解单词，掌握单词的发音和拼写。

机械记忆，能够很快检索到大脑里存储的常见词，所以在低年级的时候学习还过得去。但是，从幼儿园和一年级开始，就能看出这些学生的音素意识[①]较弱，他们无法分辨构成一个单词的多个发音。在语音方面，他们也表现出类似的缺陷，有些字母的发音比较特别，他们就很难学会。其他类型的阅读困难包括阅读理解和处理速度（即阅读流畅度）方面的困难。一般来说，有阅读障碍的学生不能自动阅读[②]。

阅读障碍从低年级开始就会对阅读产生影响，主要表现为下列读写技能方面的困难（国际阅读障碍协会、专业标准和实践委员会，2010）：

- 文字识别
- 单词拼写
- 流畅阅读
- 阅读理解
- 书面表达

有阅读障碍的人也可能会有其他障碍的表现，这种情况称为共病（Germanò, Gagliano, & Curatolo, 2010; Snowling, 2012）。本·福斯（Ben Foss）是一位企业家、自倡导者，也是《阅读障碍人士能力提升计划》（*The Dyslexia Empowerment Plan*）一书的作者，他是这样解释自己的阅读障碍共病的：

> 每一位有阅读障碍的人都有一本"护照"，凭着这本"护照"可以很容易地进入一些周边"国家"，主要是计算障碍、书写障碍和注意力缺陷多动障碍等几个"国家"。在我看来，我们"这么一伙儿人"——这是我的口头禅，用来形容那些障碍不太明显的人，这种不太明显的障碍通常装在"特定学习障碍"这个大筐里——都是有"双重国籍"的人。（Foss, 2013, p. xi）

本·福斯的话揭示了这样一个事实，即针对阅读障碍的干预必须是综合的、全面的，不但要处理阅读、写作、数学以及注意力方面的问题，还要处理行为、情绪

[①] 译注：感知、识别、使用最小语音单位的能力，没有音素意识，就听不出语音的细微差别。
[②] 译注：自动阅读指的是能够快速、准确地识别单词，无须过多地注意单词的拼写或发音。

以及社交领域的问题。例如，有的阅读障碍学生也会表现出书写障碍的特征，他们可能无法准确地抄写课堂笔记，也无法整理或阅读这些笔记。为了帮助他们提高能力，学校应该为其提供其他获取信息的途径，例如数码录音笔以及用于组织和整理信息的可视化工具，或者安排同学帮他们记笔记。在阅读和数学方面有困难的学生，例如有计算障碍或者注意力缺陷多动障碍的学生，则需要接受数学、行为以及阅读方面的干预。把数学课本做成有声书，方便随时停下来回放；学生专心做事、努力学习、积极参与课堂活动的时候，马上给予反馈和表扬。所有这些做法都能帮助学生取得进步。学生的阅读速度达标了，距离个别化教育计划的目标又近了一步，都要给予肯定，这一点非常重要。

尽管有阅读障碍的学生通常在拼写、认读以及形成书面表达方面存在困难，但他们可能很有创造力，个人能力①很强，口语词汇量也很大。在课堂上采取适当的干预措施，发挥学生的优势，这一点也极为重要（耶鲁大学阅读障碍和创造力中心）。例如，授课和考试的时候，教师不必拘泥于口头和书面形式，还可以采取辩论、项目式学习等各种各样的形式。教师使用电子设备或技术来展示教学内容，学生也通过电子设备或技术来学习知识并呈现自己对这些知识的理解，这种方式可以最大限度地减少阅读障碍学生的困难。本章（以及后续章节）介绍的策略不仅适用于课堂教学，在教室、学校以及"现实生活"中也有实际应用价值。

教学建议

学校工作人员需要接受专门的培训，以便及时发现那些从小就有阅读障碍表现的学生，以免他们在语言处理方面的困难越积越多，并且对其他学科、社交、情绪以及行为方面造成不利影响。而且，还要趁着阅读要求没那么高的时候就对这些问题进行干预。另外，需要注意那些提前上学或者跳级的学生——他们在社交方面虽然跟得上同班同学，但是在教育方面却没有得到跟进服务——这些学生需要特别的教学策略，帮助他们缩小在阅读方面的差距。

学校工作人员需要齐心协力、高效合作，实施适当的教学策略和干预措施。例如，负责体育、美术、音乐、科学、数学或者社会科学等科目的教师需要为学生提

---

① 译注：个人能力指的是在人际交往、团队合作、领导团队、解决问题等方面的能力。

供适当的辅助。这些辅助包括采取干预措施，避免学生的阅读困难影响其完成学习任务（例如保证学生能够学到每个学科的教学内容，保证学生能够理解作业或评估的要求，保证学生能够明白并遵守实验室或体育馆的安全守则，保证学生学习社会科学的时候不会因阅读障碍而无法根据给定的题目材料做出有效回答）。有障碍不是学生的错，不应因此责罚学生，而是应该通过各种各样的途径为其提供教育资源，例如准备电子版教材或文本，准备主题相同但词汇难度较低的阅读材料，做数学应用题的时候帮他（她）念题，做实验的时候口头告知实验程序，在各个学科的教学过程中都增加视觉辅助手段的应用。

阅读障碍的主要表现包括难以识别有实际意义的单词，难以认读没有实际意义的虚构出来的单词，难以拼写单词，朗读不够准确，等等。阅读障碍还会造成一些间接影响，包括但不限于偏科、成绩波动、阅读理解和写作能力较弱、注意力不集中、容易分心等（Moats & Dakin, 2008）。这些间接影响往往会让学生面对作业时感到灰心，在同学面前朗读时感到焦虑（Torgesen, Foorman, & Wagner, 2007）。有些教师，甚至学生本人也并不总是明白阅读障碍到底是怎么回事，因此往往将表现不佳归咎于不够努力。有阅读障碍的学生在学业和行为方面都需要适当的干预，以当前能力为基础，尽量"扬长"，"短"也的确要补——但不能过分强调，也不能无限放大。重要的是要注意，只有部分学生有个别化教育计划或者 504 计划为其专门列出的阅读方面的教学目标，但是，专门针对读写教学的教育实践绝对不该仅限于他们，而应惠及所有学生。尊重多样性、尊重差异和不同兴趣、基于学生能力水平的系统化教学，会使不同能力、不同年级的学生都能受益。想要了解更多具体策略，请继续阅读以下章节。

融合策略

注意识别、筛查评估、因材施教

有阅读障碍的学生，其表现也各不相同，因此必须进行严格的筛查评估，然后再根据个体情况采取针对性的干预措施。筛查手段既有拼读评估量表这种非正式的评估[1]，也有正式的评估，由经过专门培训的专业人员操作，旨在评估学生的技能水平，评估项目包括快速命名字母和发音[2]、分辨有实际意义的单词和虚构出来的单词，还包括词汇测试、音素切分[3]、拼写测试、口语流利度测试、押韵能力测试[4]以及段落理解等。早期的读写能力包括但不限于知道字母的发音和名称、了解字母和数字的顺序、能够说出简单的句子。考查学生的读写能力，可以采取朗读测试、检核表、家长访谈、非文字推理测试[5]、书面测试等形式。了解字母规则、培养音素意识[6]，这些通常是在学龄前阶段就已经完成了的。针对语音意识、快速命名及记忆的筛查评估从幼儿园就已经开始了，例如一年级的测试就包括单词朗读、解码（认读）和拼写。不管学生处于哪个年级，只要在学习上有困难，都要对他们进行筛查评估，以便让他们得到有针对性的指导。因为对高中学生的读写能力要求较高，因此他们也需要进行这方面的筛查评估（卓越教育联盟[7]，2006）。

根据学生能力开展分级教学

教育工作者还需要引入多层支持系统，在读写方面对学生进行分级干预。读写分级教学没有现成的模板，因为这种教学需要依据学生的评估数据来进行设计。例如，在三级教学模式中，所有学生都要学习一级教学内容：读写基础。读写基础的教学可以采取大班教学的形式，同时辅以直接教学与小组教学。在教学过程中，应注意跟踪监测，如果发现有些学生在自动认读单词、表达及书写流利度方面需要额外训练的话，则需为其提供辅助指导，这就是二级教学内容。根据正式和非正式读写能力评估的结果，三级教学为学生提供更精细的指导，同时结合小组教学与个别辅导。

---

[1] 译注：非正式评估通常由老师操作，包括基本的拼读任务，用于考查学生对拼读规则的掌握程度以及在哪些方面仍然需要支持和指导。
[2] 译注：要求被评估者快速、准确地认读字母表中的字母或者说出字母对应的音素。
[3] 译注：将单词拆分为音素。
[4] 译注：要求被测试者识别押韵词对或者在给定的词汇范围内创作押韵词对，以此评估被测试者对于语音的敏感度以及对语音结构的理解。
[5] 译注：考查图形认知，如基于图片、图表、图形解决问题。
[6] 译注：字母规则和音素意识都是语言学习的基本内容，包括字母的名称与形状、字母与音素的对应以及字母和音素之间的相互关系等。
[7] 译注：卓越教育联盟（Alliance for Excellent Education），美国非营利组织，致力于提高美国公立学校的教育质量，提高教育公平性，以确保所有学生都能获得高质量的教育。

阅读速度太慢的话，就会影响对所读内容的理解。如果认读每个单词都非常慢，就很难搞清楚整个文本的意思。认读字母和单词耗费了太多精力，干扰了整个理解的过程，也影响了对文本的解读。学生碰到不规则变化的常见词（比如 people, could, whose）时，如果不能以合适的方式去解码（认读），就会花很大工夫，进而影响对篇章主旨的把握。在这种情况下，就要适当增加朗读和共同阅读的练习，根据具体情况，采取大班教学、小组教学或个别辅导。在学生朗读的时候，多多给予指导，帮助学生提高阅读的流畅度，包括在朗读和默读的时候帮助学生（比如选择符合学生水平和兴趣的阅读材料、示范等），让他们更有意识地使用技巧（Guerin & Murphy, 2015）。

随着学生升入小学高年级，提高阅读流畅度的方法也相应发生变化。年级升高的过程中，影响阅读流畅度的因素也多了起来，包括不同方面的能力水平以及情绪心理因素等。一年级学生的阅读能力高低主要取决于听力，到了二、三、四年级，阅读能力受阅读流畅度和理解能力的影响就越来越大了（Kim & Wagner, 2015）。

另外，如果学生年龄较大，但基本的阅读技能又比较欠缺，那么为其提供阅读材料的时候要注意选择适合其年龄和水平的内容，词汇难度应该适中，能引发其阅读兴趣，这样才不会让学生感到难堪。如果是一名中学生，即便练习的是初级水平的读写教学内容，也不应为其提供太过幼稚的文本。例如，如果需要指导学生学习短元音的发音，就不要用"The cap is on the cat"这种句子，要用复杂一点的，比如"The raft capsized on Saturday"。[①] 很多出版社和网站都有专为年龄较大的学生提供的阅读文本，趣味性强、难度较低，因此工作人员不需要自己重新改写教材文本。有很多网站，比如史密森尼博物院制作的青少年及儿童阅读网站以及 Newsela 新闻平台这种网站，都可以提供基于同样的非小说类文章内容生成的不同难度的阅读文本。像 Starfall 这样的网站上可能也有非常不错的视频，比如教二年级学生如何切分单词发音，不过，如果是教中学生的话，这样的视频可能就不合适了。还有很多出版资源，比如 Benchmark、Steck-Vaughn、Perfect Learning、Curriculum Associates、High Noon 和 Saddlebrook 等，都可以发掘利用。总而言之，应该为学生提供适合其年龄的阅读材料和工具，吸引他们去对单词进行解码（认读）和编码（拼写）。时尚、音乐和体育等热门话题以及推特、短

---

① 译注：这里举的例子是简单词汇和复杂词汇的对比，若译成中文无法体现对比，所以保留英文。

信和社交媒体等以不同形式呈现的信息都可以拿来辅助教学。

结构化设计、跟踪监测、详细讲解

结构化、系统化的直接教学包括帮助学生提高音素意识，切分单词发音，提高拼写能力、写作能力、阅读及书写流畅度以及对不同类型材料的理解能力。教师需要跟踪监测学生的进步，需要敏锐地觉察到应该怎样教授这些技能并讲授相关方法，还需要制订计划日程表，将个别化教育计划的总体目标以及读写课程的具体目标融入其中。最重要的是，应该通过结构化的任务分析和及时反馈让学生找到适合自己的阅读方法。可以做一些提示卡，在上面以图示的形式呈现学生的进步（比如阅读及书写流畅度、理解能力、认读能力等方面的进步），让学生看到，只要坚持不懈就会有收获，以此鼓励学生继续努力。做一个电子文档分享给学生，用作视觉提示，提醒他们不断努力，看到自己在读写方面的进步和差距。在学生碰到不会读的生词时，可以使用视觉提示和口头指导一步步地教他们如何读。碰到不好读的多音节单词时，可以帮助他们利用上下文中的线索以及之前学过的知识解决这个问题。想要阅读流畅、不分心走神儿，就要一边阅读一边理解，碰到各种发音和单词，不管有没有上下文，都能认出来、读出来。可以按照下列步骤教学生：

想要理解自己所读的材料，需要这样做：

1. 把手指放在不认识的单词下面，仔细切分。看看能不能切分成多个音节和单词组合，比如 understand 和 reading，就可以这样切分：un-der-stand、read-ing。看看其中有没有短一点的词（比如 fantastic 里有 fan 这个词）或者复合词（比如 bird's-eye）。

2. 看看课文里有没有配图，再看看这个词所在的句子或段落，有没有什么线索能帮你理解这个词或句子的意思。想一想能不能用另一个词替换这个词，保持意思不变。例如，"他钦佩朋友的决定"，这句话就有"他尊重朋友的举动"的意思。

3. 跳过这个单词，读到句子或段落的末尾，看看上下文线索是否能帮你理解这个单词的意思，或许就能"柳暗花明"。有时候，可能就是得接着往下读，才能理解作者说的是什么。

4. 如果碰到"棘手的单词"，那就使用在线工具或电子设备来查询发音，还可以查字典，或者问问同学或大人。

虽然在人们的观念中，对所有学生来说，查字典、查词源、找上下文线索等都是标准的学习内容，但是有阅读障碍的学生需要额外的练习，需要丰富多彩的教学活动、各种各样的呈现形式，还需要更长的时间——同时还要留心注意他们是否取得进步——才能掌握这些技能。只要学生学会了一些东西，就要及时给予反馈，认可他们为了进步所付出的努力，这样才能鼓励他们更上一层楼。

呈现形式多样化

为有阅读障碍的学生提供不同的呈现形式供其选择，意思是教学内容的呈现形式不必拘泥于纸质文本。呈现形式多样化，不仅可以减少学生阅读上的困难，还能根据他们的特点以不同的形式呈现相同的信息，方便学生接收和理解这些信息（CAST, 2011）。如果读写教学可以不局限在纸质练习册上，那些脑回路比较特别的学生就可以通过各种各样的方式来破解单词的奥秘、理解文本的含义。为学生提供多样化的工具和资源就是其中一种方式（Cervetti, Damico, & Pearson, 2006）。

基于神经科学的 Orton-Gillingham 教学法（Orton-Academy of Orton-Gillingham Practitioners and Educators, 2012; Hwee & Houghton, 2011）主张借助多感官途径帮助学生提高阅读、拼写能力，克服书写困难。科学以及社会科学等学科领域的说明文中有很多复杂的专业词汇，有时很难引起学生的兴趣（Marino, Gotch, Israel, Vasquez, Basham, & Becht, 2014）。这种情况下，就可以通过调动听觉、视觉以及动觉-触觉来帮助学生提高阅读和理解的流畅度，使其更好地拼写、认读、书写、阅读，更好地理解书面语言。例如，学生用手指点、指单词中不同的音节，就是通过调动触觉进行学习的方式。其他的触觉教学法还包括用黏土、剃须膏做出字母的形状，或者在笔划砂纸板、沙盘上写字。在教学中加入视觉提示，可以帮助学生把某些字母的发音形象化。

还有一种方法是给某些元音配上提示词，例如给短音 e 配上一张大象的图片[①]，或者把 sh 这个音和手指放在嘴唇上表示安静的图片联系起来。播放视频时，把字幕调出来，学生就能边听边看，把听觉和视觉联系起来。这种方法对小学生和中学生都很有帮助。在低年级阶段，可以给教室里的物品贴上标签，建议家长在家也这样做。如果可以的话，为学生提前准备好笔记，或者准备一个记事工具，写好其中一

---

① 译注：英文中大象这个词的发音，开头是短音 e。

部分内容，留下一部分让他们填写，这样可以降低书写难度。这种做法可以使学生把注意力集中在听课上，而不必分心费力去记笔记。提前准备笔记还可以让学生熟悉自己之前没学过的词汇。像 Quizlet 这样的网站还支持用户制作电子或者纸质闪卡，可以收听单词发音，预览词义。

  有些工具，不管是没什么技术含量的东西，还是技术含量高的电子设备[①]，只要能尊重学生的兴趣、发挥学生的长处，都可以用来帮助他们有意识地提高自己的阅读理解能力。例如，学生阅读文本的时候，可以使用便利贴来记录要点或问题。有些学生可能喜欢使用 Post-it Plus 之类的应用程序和同学对话，存储有用信息，以便日后查看。手持式荧光笔[②]可以让学生以电子方式对文本进行注释和记录，C-Pen[③]可以通过光学字符识别（Optimal Character Recognition, OCR）将纸质文本转换为数字化文本。这种技术含量高的设备可以扫描文本、解码，然后将信息传输到电脑或智能手机上。借助这种技术，就可以使用参考工具，查询生词含义，还能激活文本转语音的功能，收听多音节单词的发音。不管决定使用哪种工具，都要观察学生，判断哪种教学辅助工具最适合他（她）的情况，低科技的也可以，高科技的也可以。[④]最终目的都是找到一种方法，减少学生的困难，根据学生的能力水平开展教学活动。可以考虑使用的教学资源包括不同形式的阅读材料，比如漫画小说、信息图表、海报、电子书、应用程序、有声读物和专门提高某项阅读技能的网站。听音频或有声书的时候可以让学生提前阅读文本，为课堂教学做好准备。教师在课堂上可以使用电子设备或技术，同时还要指导学生如何使用这些东西，比如电子词典或者检查拼写错误的工具。讨论问题的时候，可以让学生在谷歌文档上实时发布自己的回答。

  如果有些文本内容对于有阅读障碍的学生来说比较抽象，就可以利用提示卡、检核表以及张贴在教室墙上的挂图等视觉提示工具将这些内容具体化。大多数有阅读障碍的人都无法自动认读字母、单词、句子、段落、故事以及较长的文本。因此，为他们提供支持资源、帮助他们学习相应策略，有助于他们提高阅读能力，提升自

---

① 译注：后文中以"低科技"和"高科技"指代。
② 译注：手持式荧光笔是一种电子设备，由手持端和配套应用程序组成，用户先用手持端的扫描仪扫描文本，然后在应用程序中对数字文本进行注释和记录，还可以将注释和记录保存到云端，以便随时随地访问。
③ 译注：可以理解成一种扫描笔。
④ 译注：低科技指的是简单技术，与高科技相对。

我效能，这些支持包括定期出具进步报告、提供各种体裁的文本引发阅读兴趣（认读诗歌中的单词、在网站上搜索信息等）。如果让不同的学生回答同一个问题，那么同伴示范对于有些学生来说也是了解他人视角的一个契机。最终目标都是引导学生走上一条提高能力和自我效能的阅读之路。以不同的形式提供支持，等到学生的读写能力比较稳定，能够自主阅读之后再慢慢撤出辅助。

如何帮助学生学习认读

如果学生的阅读速度很慢，可能需要认读和语音意识方面的帮助。可以考虑制作一张音节表（学生学得越多，表中内容越多）挂在教室墙上，用来帮助学生提高对各种音节类型的认识（详见表1.1）。另外，还可以让学生把音节表记在自己的阅读笔记里。也可以考虑听写句子，既有简单句，又有复杂句，让学生听、写，然后自己检查。重要的是，老师不要做那个纠错的人，而要为学生提供范本，让学生有机会自己修正错误。为了确保学生能够真的理解语音规则，而不是单纯地死记硬背，教学的时候，既要使用有实际意义的单词，也要使用没有实际意义的虚构词。①

表1.1 音节类型

闭音节	开音节	元音-辅音-e	元音组合/双元音	辅音-le	以辅音r结尾的音节
mat, wet, big, top, cup	go, me, hi, label, my, cozy	plate, mile, rope, time	air, boat, heat, stay	candle, little, noble	car, first, fur, burst

齐心协力

要与其他工作人员、学生家庭成员以及学生本人齐心协力，共同减少阅读障碍的负面影响，发掘学生的潜力，顺利实施阅读能力提升计划。要密切关注阅读在学业和社会情感方面对学生产生的影响，保证教学符合学生的实际情况，并就所选择的阅读任务向其家人传授教学方法。可以在学校/班级的网站上或者定期（即每周或每月）的家校通讯上公布阅读计划的进展情况，同时共享后面要用到的词汇和书

---

① 译注：使用没有实际意义的虚构词，可以帮助学生专注于语音规则本身，而不受单词含义的影响，使用有实际意义的单词，可以帮助学生将语音规则应用到实际的语言环境中。

籍，还可以在家校日志和电子邮件中报告学生取得的进步。

与专业人士合作也很重要，言语语言病理学家（SLP）可以就语音和音素意识相关问题进行干预，作业治疗师可以针对书写技能和与阅读障碍相关的肢体问题进行干预（比如为学生提供带斜坡的书写垫板、代替传统书写工具的设备、某些写字程序以及提高耐力的锻炼方法）。

*

总而言之，关键是要做到下列事情：

- 了解有阅读障碍和其他阅读困难的学生，发现他们的特点，看到他们的长处，并利用这些长处帮助学生克服困难。
- 利用差异化策略，帮助学生学会如何将发音和符号联系起来、如何提高阅读及书写流畅度、如何拼写单词、如何理解文本、如何进行书面表达、如何处理听觉和视觉信息、如何提高记忆力，最终提高阅读能力。
- 熟悉如何借助多感官途径开展系统化的直接教学，在此过程中，尊重学生通过视觉、听觉以及动觉－触觉学习的偏好。
- 借助各种工具，技术含量高的或低的都可以，帮助学生有意识地提高自己的阅读理解能力。

第二章
注意力缺陷多动障碍

障碍原因

导致注意力缺陷多动障碍（attention deficit hyperactivity disorder, ADHD）的确切原因尚不清楚，但是研究表明，这是神经递质——在脑细胞之间传递信息的化学物质——失衡的结果（Gromisch, 2016）。包括美国卫生研究院和美国教育部在内的主要医学、心理学以及教育机构都认可注意力缺陷多动障碍这种诊断。美国精神医学学会（American Psychiatric Association, APA）在其发布的《精神障碍诊断与统计手册》（第五版）（Diagnostic and Statistical Manual of Mental Disorders, DSM-5）中确认注意力缺陷多动障碍是一种疾病（DSM-5, 2013）。

注意力缺陷多动障碍不是凭空想象出来的，也不是学生不够努力导致的，而是有生物学基础的。已有文献证实，大脑受到障碍影响的区域包括前额叶、额叶、基底神经节和小脑。基因和分子研究表明注意力缺陷多动障碍存在遗传因素（Rosen, 2014），但由于它具有家族性，也有些理论将其归因于环境因素，例如食物、毒素以及心理社会因素（Banarjee, Middleton, & Faraone, 2007）。但是不管怎么说，它的根源问题在于大脑化学物质——学生并不是没有规矩、缺乏管教，具体而言，是与神经递质多巴胺（有助于调节运动和情绪反应）和激素去甲肾上腺素（参与机体对压力的反应）的水平有关（Hunt, 2006）。关于导致注意力缺陷多动障碍可能的原因，还包括铅暴露和杀虫剂暴露引发的中毒反应（Banarjee et al., 2007）、母亲怀孕期间饮酒和吸烟（Grominus, Ridout, Sandberg, & Santosh, 2009）以及营养不良或饮食不当（哈佛医学院，2009）。还有研究发现，在双胞胎群体中会有两人同患注意力缺陷多动障碍的现象（Taylor, Charman, & Ronald, 2015），如果其中一人有注意力缺陷多动障碍，那么另一人也会患病的可能性极高（Freitag & Retz, 2010）。需要注意的是，即便双胞胎都有注意力缺陷多动障碍，两人的症状也可能不尽相同。

特征表现

如前所述，有注意力缺陷多动障碍的学生在大脑的活动和结构方面都有异常，这会影响其对行为和注意力的控制。因此，他们在行为规范、时间管理以及行为组织能力方面经常面临挑战，注意力上也有问题，很难坚持专注做事。但是，重要的是要记住，有注意力缺陷多动障碍的学生也有值得肯定的长处，也有自己的爱好和兴趣。和其他所有障碍一样，注意力缺陷多动障碍在不同学生身上的表现也不尽相同。每个孩子都是独一无二的个体。

2011年至2013年期间，美国4至17岁儿童中有9.5%被确诊有注意力缺陷多动障碍，其中4至5岁年龄组患病率为2.7%，6至11岁年龄组为9.5%，12至17岁年龄组为11.8%（美国疾病控制与预防中心，2015）。注意力缺陷多动障碍在不同性别的群体中均有确诊病例，女性病例中，注意力不集中的比多动的多，而且，女性常常没有得到充分诊断。男性确诊人数至少是女性的两倍。根据《精神障碍诊断与统计手册》（第五版），注意力缺陷多动障碍通常会在12岁之前就有所表现（美国精神医学学会，2013）。另外，如果孩子确诊有注意力缺陷多动障碍，则可能表现出社交障碍，社交障碍也是孤独症谱系障碍（autism spectrum disorder, ASD）的常见共病（详见第八章）。不过，上述症状究竟有多大程度的交叉重叠，还需要进一步的研究证实（Grzadzinski, Dick, Lord, & Bishop, 2016）。

确诊有注意力缺陷多动障碍的学生可能既有注意力缺陷的表现，也有多动冲动的表现，也可能主要表现为注意力不集中或者多动冲动行为，且持续六个月以上。三种类型的特征如下：

注意力缺陷多动障碍之注意力缺陷型
- 注意力缺陷：缺乏对细节的关注、注意力难以持久、行为组织能力弱、容易分心

注意力缺陷多动障碍之多动冲动型
- 多动：难以安坐、好动、话多
- 冲动：轮流等待时缺乏耐心、打断他人

注意力缺陷多动障碍之混合型
- 注意力缺陷、多动和/或冲动

总体来说，注意力缺陷型的表现常常是：经常走神儿、没有条理、丢三落四，很多看起来很明显的细节，他们就是注意不到或者干脆视而不见。多动冲动型的表现是：反应迅速、好动多动，可能一直动个不停。

在心理和行为方面的特征包括有执行功能障碍（详见第五章），难以控制冲动，在工作记忆和行为组织能力方面有困难。面对有注意力缺陷多动障碍的学生时，需要密切关注三个方面的表现：行为组织能力、社会性发展以及行为管理/自我调节能力，这是影响其学业表现和校园生活的重要因素（Johnson & Reid, 2011）。学生在社交、情绪和行为方面的障碍（详见第三章）影响了行为抑制能力，妨碍了同伴关系，还导致他们经常违反学校和课堂的要求，跟不上学校日常的节奏，也完不成规定的任务。此外，注意力缺陷多动障碍还有可能伴有其他症状，这些症状可能与学习障碍（详见第四章）、情绪障碍以及行为障碍的表现重叠。年龄稍长的学生有时还会出现物质滥用[①]的迹象。

有注意力缺陷多动障碍的学生可能会出现下列行为，学校工作人员应该做好相应准备（Karten, 2015）：

- 经常走神
- 学业方面粗心大意（比如书写潦草，作业乱七八糟）
- 健忘
- 没有条理（比如丢三落四）
- 容易分心
- 难以专注，无法听讲（比如无法一边听课一边记笔记）
- 碰到需要提前规划的事情时，无从做起
- 冲动（比如回答问题时常常不加思考、脱口而出）
- 难以"换挡"或者难以在不同任务之间转换
- 难以跟上多步骤的指令
- 多动、好动
- 手或脚动个不停（比如坐在椅子上前后摇晃，脚不停地抖）
- 注意不到社交线索，常常与人冲突

---

① 编注：物质滥用，对物质持续性或间歇性过度使用的状况。

- 轮流等待的时候缺乏耐心（比如插话）
- 因多动发生意外

精神科医生、注意力缺陷多动障碍专家埃德·哈洛威尔（Ed Hallowell）解释说，有注意力缺陷多动障碍的人，其大脑就好比装的是法拉利的发动机，却配了个自行车的刹车片（News Medical Life Sciences & Medicine, 2014）。在儿童时期就确诊有注意力缺陷多动障碍的人群中，在青少年时期仍然符合诊断标准的占70%，到了成年时期依然还有障碍的多达50%。据估计，成年人中有注意力缺陷多动障碍的占6%，不过，其中绝大多数并未得到正式诊断，寻求治疗的仅占四分之一（ADDitude, 2005）。

教学建议

按照《残疾人教育法》中关于接受特殊教育服务的规定，注意力缺陷多动障碍并不算作一个单独的残障类别。不过，注意力缺陷多动障碍常常被划到其中的其他健康损害类别，此类障碍学生因此也可以获得特殊教育服务，或者按照504计划的规定享受合理便利，或者同时享有这两项服务。

对于这些学生来说，课堂的结构化设计以及教师的指导尤为重要，因为这有助于提高他们的行为组织能力，并通过行为后果学习如何进行自我管理。这里的关键是通过行为管理计划来促进学生的社会性发展。通过行为后果提高行为管理能力的做法（contingency management）①之所以有效，是因为学生不管是按照要求还是出于偶然完成自己不太喜欢的任务或行为之后，都能获得自己想要的东西。也有人将其与普雷马克原理或祖母定律②（Center for Effective Collaboration and Practice, 1998）类

---

① 译注："contingency management"直译为"依联管理"，亦称"权变管理""反应后果操纵法"，指通过控制个体特定反应的后果以改变该反应发生的可能性与频度的行为治疗技术，主要依据操作式条件作用原理，通过给偶然发生的适应性行为以强化，巩固适应性行为，或增加适应性行为出现的次数，同时通过给适应不良行为以惩罚，减少或消除不良行为，此处为便于理解，译为"通过行为后果提高行为管理能力的做法"。
② 译注：普雷马克原理（Premack Principle），心理学术语，也称祖母定律（Grandma's law），具体做法是用高频活动作为低频活动的强化物，或者说用个体喜欢的活动去强化其参与不喜爱的活动，注意两项活动的前后顺序不能颠倒。

比，普雷马克原理在生活中常见的说法就是"数学作业能做对80%的话，你就可以玩电脑了"。学生是否可以得到"奖励"、是否能做自己喜欢的事情，比如帮着老师发作业等，取决于他（她）是否能完成一个自己不太喜欢的活动或者行为，比如在椅子上坐好。

如果需要记忆的东西超出了死记硬背的范畴，并且需要工作记忆参与其中，对于有注意力缺陷多动障碍的学生来说往往就很困难了（Vakil, Blachstein, Wertman-Elad, & Greenstein, 2011）。有些学生虽然当时能记得很好，但是过几天再问他们相同的问题时，他们的回答常常跟之前的不一样。很多时候，学生虽然考试成绩不错，但其实并没有真正掌握学习的内容。因此，我们的目标是深入学生的内心，更好地了解他们的需求、兴趣以及内在动力，帮助他们巩固学习成果，消化学习内容。为有注意力缺陷多动障碍的学生提供额外的辅助工具，多给他们一些时间来处理信息或者完成作业或测试，也许能够帮助他们应对工作记忆方面的困难。

学校工作人员（在适当的情况下[①]）应该了解每位学生的行为干预计划和医疗计划。例如，如果某位有注意力缺陷多动障碍的学生正在接受药物治疗，那么他（她）可能就会受到药物副作用的影响，表现为头痛、食欲不振和睡眠不规律等，进而出现学业表现不稳定的情况。另外，只要涉及医疗干预，不管是服用兴奋类药物还是非兴奋类药物，可能都不会仅用一种药物。现在许多治疗都是多模式的，既提升了学生及其家庭成员和学校工作人员在这方面的意识，又为他们提供了更多选择。

行为干预计划对于提高自我效能是必不可少的。针对有注意力缺陷多动障碍的学生，行为干预计划包括使用强化物帮助他们控制多动、冲动，提高注意力。强化物既可以是内在激励，也可以是外在激励——一个微笑、一本证书、几颗小星星都可以，奖励休闲时间也可以。不管是不是实物，都要有针对性，可以是口头表扬，也可以是积分，如果是小学生，可以带他（她）去玩娃娃机，如果是初中生或者高中生，可以多给他（她）时间参加艺术团或合唱团的活动等。有时，有些学生会通过某种行为寻求关注，不管这种关注是正面的还是负面的。学生出现某种行为，或者注意力不集中，或者表现冲动或多动，要透过表象分析具体前提，了解这些前提之后才能决定采取什么方法应对。教育团队可以包括学校辅导员、心理教师、行为干预专家、行政管理人员、普教或特教工作人员，还有学生家庭成员以及学生本人。

---

① 译注：指不违反隐私和信息保密条例的前提下。

最后，学校工作人员和教师必须记住，药物也许能够减少不当行为，但是代替不了学生的自我管理计划，也代替不了家长和老师的教育责任。

融合策略

适合个体情况的指导辅助

教师可以随时为有注意力缺陷多动障碍的学生提供有效而适当的指导辅助，"这个过程不一定要花很多的钱，也不一定要花很多的时间"（Stormont, 2008, p. 308）。学生的障碍表现各不相同，因此应该针对个体情况进行调整。一定要记住，有注意力缺陷多动障碍的学生可能会出现不恰当的行为，但是不应该因此对他们全盘否定。

条理性与结构化

给学生示范如何做事有条理，并为其提供这方面的帮助，例如示范如何记录家庭作业。有些学期大作业不是马上就要交的，针对这种作业，要定期检查进度。除此之外，还要检查学生笔记是否准确，制作班级和学校活动的周历，帮助学生做好整理、减少混乱等。

研究表明，如果能够反复练习某些内容直至将其刻入长期记忆，就能获得最佳效果（Willingham, 2004）。尤其是有注意力缺陷多动障碍的学生，更是需要反复接触所学的东西，才能避免受到无关事物的干扰，更好地理解这些内容。把日常活动和时间安排清单都贴在同一个地方。如果是小学高年级学生和中学生，可以通过电子设备、线上日历以及适合的应用程序（比如 Remind）来提醒他们做作业。

跟踪监测、及时反馈

重要的是，为了提高注意力、强化正向行为、鼓励学习进步，采取一系列干预措施之后，学生本人及其家人和学校工作人员应该对学生的行为反应进行跟踪监测，监测手段包括观察、正式和非正式评估。

在讲课时，可以通过一些信号（比如举手、眨眼）来提醒学生注意，学生做到之后应该给予适合其年龄的"奖励"（比如额外的体育活动时间、贴纸，或者就是一个微笑）。还可以根据课程的具体情况使用合适的管理工具，比如评分量表、直接观察以及行为记录系统。前面提到，有效的行为管理体系是让人通过行为后果来学习如何进行自我管理。这种做法"通常是让学生关注到自己的行为,体验到这种行为能够产生的后果,其形式通常是奖励"(Hallahan, Kauffman, & Pullen, 2015, p. 165)。通过行为后果学习管理行为,可以塑造和鼓励好的行为。如果学生能够集中注意力、遵守规则,按照课堂要求学习、写作业,就要让他(她)体验到自己想要的结果,比如可以多用一会儿电脑或多玩一会儿乐高积木。工作人员可以提供更多的观察记录,这样就能保证复盘更加准确,还可以给出更多的反馈。如果班级有两位老师协作教学,或者有教学助理或助理教师在场,那么生师比就会降低,这样就能保证老师对学生的行为观察得更为仔细,从而强化好的行为,减少不当行为。及时反馈可以帮助学生提高注意力,提高完成作业的准确率,还可以帮助学生在班级和小组教学活动中进行有效的社交互动。

还有一种跟踪监测的办法也很有效,就是非正式的瞬时时间抽样法(momentary time sampling),即在某个特定的时间段内观察某种行为,记录该行为发生的频率(详见表2.1)。例如,想要观察50分钟上课期间某行为的出现频率,就可以每隔5分钟观察一次,并以"有"或"无"、"Y"或"N"来记录是否出现该行为,或者直接记录10次观察中有几次观察到了该行为。观察的行为可以是听从指令、保持眼神交流、说话得体、与同龄人和成年人礼貌互动。要用肯定的措辞来描述这些行为,例如,要说"我和老师有眼神交流",不要说"我没有对老师视而不见"。这些行为的观察记录可以由学生来做,也可以由工作人员来做(比如协作教学的助理教师或者教学助理),具体取决于学生的年龄阶段和年级水平。

表2.1 采取瞬时时间抽样法进行行为观察

日期:12/08/2017 每隔10分钟	时间段										行为出现次数(y)
眼神交流	1	2	3	4	5	6	7	8	9	10	
有(Y)或无(N)	Y	N	Y	N	Y	N	Y	Y	N	Y	6

正式一点的跟踪监测,可以选择范德比尔特和康纳斯注意力缺陷多动障碍家长和教师评定量表(Vanderbilt and Conners's ADHD Parent and Teacher Rating Scales, ADHD & You Screening Tools, 2016),根据收集到的数据,为教学指导和行为支持提供参考。

沟通、合作、联系

要清楚地说明自己对学生的期望和要求,可以用简单的口头提示,也可以用书面提醒,要详细说明对学期论文的要求,也要定期检查学期大作业。既要给出正面例子,也要给出反面例子。如果可能的话,要在教学和评估中联系学生的兴趣和长处。如果普通教育教师能"拿出耐心韧劲,了解干预技术,善于与跨学科团队合作,以积极的态度对待特殊需要儿童,就能对学生产生积极影响,帮助学生取得进步"(Sherman, Rasmussen, & Baydala, 2008, p. 347)。

与学生合作,需要让学生了解自己的学习目标,时时回顾这些目标,分析其中哪些部分需要跟进。与学生的家庭成员合作,指的是在行为和学业方面与学生的家人同心协力。家校联系紧密,可以传递一个强烈的信号,即所有人都是一个团队。与学生的家庭成员分享有效的干预策略,使这些做法能够在家庭环境中得以贯彻和巩固,就可以实现家校一致,重复和强化学习成果,帮助学生取得进步。合作,还包括将学校的所有工作人员,比如普通教育教师、特殊教育教师、学校护士、各科教师、辅导员、校长助理、生活老师、校车司机等,全都拉进教育团队的"朋友圈"。

尊重学生的学习风格以及动觉需求

学生的学习方式各不相同。对于有注意力缺陷多动障碍的学生来说,尽管结构化教学的效果不错,但是,比起为他们讲课,更重要的是传递理念、教授方法,这样才能充分考虑学生的个体情况,帮助他们提高注意力、记忆力以及实际应用能力。有的学生喜欢灯光暗一点,有的学生喜欢上课时间短一点、休息次数多一点,有的学生喜欢能让他们动起来或者上手摸的教学活动,还有的学生喜欢口头表扬(Brand, Dunn, & Greb, 2002)。课堂气氛轻松有趣、吸引学生,能让学生主动学习、积极体验(不是被动接受),有助于加深记忆,还有助于学生回忆所学的内容(Kuczala, & McCall, 2011)。想出一些新颖的方式开展教学活动,比如融合体育活动,帮助他们集中注意力,针对学生可能出现的冲动和多动行为,及时疏导和引导。下面的例子涉及不同学科,都有助于学生积极参与课堂。

- *社会科学课:在便利贴上标上各个大陆板块的名称,发给学生,让他们*

贴到教室里相应的位置，模拟世界地图。
- 写作课：在教室里为学生提供一个安静的地方，打造一个"写作小天地"，让他们在这里使用参考资料、打草稿、修改书面作业。
- 数学课：让学生认识学校周围的空间形状，让学生移动位置以模仿平移和反射现象，让学生测量教室里各种物体的高度。
- 科学课：高中科学课，讲授泡利不相容原理[①]的时候让学生模拟电子构型，理解基本原理（Kuczala & McCall, 2011）。
- 阅读、美术、音乐：让学生根据戏剧情节制作一个故事板，或者站在小说主角和配角的角度制作一个思维导图，根据故事情节创作一首歌曲，或者根据书中的对话场景、使用美国英语教师委员会网站（www.readwritethink.org）的漫画创作功能制作一幅漫画。

上述做法的目的是为学生提供各种各样的学习活动供其选择，这些虽然是结构化活动，但是非常丰富。这样一来，学生可以根据自己的兴趣选择写作的作业，也可以根据某个主题创作视频、诗歌、舞蹈或歌曲。鼓励学生独立自主，教学过程中一定要幽默风趣，这样才能缓解学生的焦虑情绪，还有老师的焦虑情绪！

齐心协力、增强意识

要增强意识，让大家明白个人提升计划是如何改善学生的在校表现、社交互动，以及在学校、家里、社区环境中面对同龄人和成年人的行为表现的。例如，可以对学校工作人员以及学生本人进行培训，介绍如何解决矛盾冲突，提高沟通能力，减少课堂上可能出现的紧张局面（Barkley, 2014; Hamilton & Astramovich, 2016）。帮助学生了解自己的学习过程是怎样的，在这个过程中又是如何使用不同的元认知[②]策略来规划、监测、反思的，还要帮助学生认识觉察自己的动机和情绪（González, 2013）。

[①] 译注：泡利不相容原理，又译泡利原理或不相容原理，电子按照一定的规律分布在不同的能级上，每个能级上能够容纳的电子数目是有限的，并且不能有两个或两个以上的粒子处于完全相同的状态，是微观粒子运动的基本规律之一。
[②] 译注：元认知，又译反省认知、后设认知，指的是个体对自己的认知过程和结果的意识和信念，即个体对自己的思维过程的认识以及对其背后模式的理解，通俗来说就是对认知的认知。

正如本章开头所提到的那样，行为管理体系强调的是自我管理，这个体系可能会让有注意力缺陷多动障碍的学生从中受益（Martinussen, Tannock, & Chaban, 2010）。自我管理包括培养反思习惯、自我意识以及确立短期目标和长期目标。如表2.2所示，学生的目标可以用简单的话表述出来，同时写上实现目标的计划日期。

表2.2　个人目标

我的目标

我要在＿＿＿＿＿＿＿＿＿＿（填写日期）之前做到＿＿＿＿＿＿＿＿＿＿。

对于有注意力缺陷多动障碍的学生来说，增强意识还意味着他们要努力做到以下六点：

- 将口头计划转化为具体可行的行动。
- 不把挫折或批评当作放弃努力的借口。
- 将负面的学习经历转化为积极的体验。
- 反思自己的行为对他人的影响。
- 表达自己的需求和烦恼。
- 让同学、家人和教育工作者成为自己的战友，而不是敌人。

*

回顾本章有关注意力缺陷多动障碍的内容，要保障、维护学生的权益，重点是要做到以下方面：

- 为学生提供各种各样的教学活动，吸引学生参与课堂。
- 以吸引注意力的新颖方式导入课程，加深学生的印象。
- 教学生用恰当的方式（比如捏球）疏导和释放自己的冲动。
- 教学生使用便利贴随时记录自己的想法，尽量做到不干扰课堂进程。
- 鼓励学生学会自我调节。
- 及时给予真实具体的反馈。

- 与其他工作人员、学生家人、学生本人及其同学齐心协力、步调一致，制订和实施有效的教学策略。
- 发掘提高注意力的方法，而不是惩罚违规行为。
- 对实现自己的期望和目标要有耐心，同时也要坚定、坚持。
- 绝对要保持冷静。

第三章
社交障碍、情绪障碍及行为障碍

障碍原因

导致社交、情绪和行为障碍的因素有很多，包括生物、环境、文化以及家庭因素，具体包括但不限于遗传、大脑化学物质失衡、焦虑、压力、饮食、物质滥用、父母虐待以及学校教育不当（Center for Parent Information and Resources, 2015）。没有人能指出情绪障碍的确切原因，不过，正如《残疾人教育法》所述，情绪障碍是长期形成的，无法归结为智力、感官或健康原因的一种障碍。

特征表现

社交障碍、情绪障碍、行为障碍的表现经常互有交叉，因此三者的特征并不总是那么泾渭分明。《残疾人教育法》规定的残障类别名称是"情绪障碍"，不过，本章的措辞是"情绪差异"①，这是为了强调从积极的角度看待残障，因为人们对情绪障碍经常抱有负面成见，学生也因此在学校里和社会上屡遭误解。"情绪差异"这个概念很广，包括内倾行为和外倾行为，其表现有时互有交叉。内倾行为包括抑郁、进食障碍、强迫行为、刻板行为、过度焦虑以及情绪大起大落。外倾行为指的是向外针对他人的负面行为，比如毁坏财物、抗拒规则、言语霸凌、对立违抗、小偷小摸、人身攻击以及与他人互动时表现出来的伤害行为。有一种外倾行为是品行障碍，具有破坏性，通常有暴力特征，比如攻击、欺骗、霸凌他人以及对立对抗等（Child

---

① 编注：《残疾人教育法》中英文原文使用的是 emotional disturbance，本章中英文原文使用的是 emotional difference，在英文语境中 disturbance 有消极意味，因此作者在此强调了 difference 与 disturbance 的区别。但在中文语境中没有"情绪差异"的术语，因此除本段处，其他处均译为"情绪障碍"。

& Adolescent Psychiatry, 2013）。内倾行为和外倾行为还有可能有强迫症（obsessive-compulsive disorder, OCD）、对立违抗障碍（oppositional defiant disorder, ODD）、双相情感障碍和选择性缄默症等共病。

各种障碍名称和术语经常有变化和混淆，也有很多争议。不过，总的来说，情绪障碍不是暂时性反应，不会因为家人去世或离婚等压力就会出现。由于精神疾病常常被污名化，加上老师的判断不一定准确，或者学生在学校因没有行为诱因并没有出现特征表现，因此往往很难准确识别，这也导致相关名称分类更加复杂。根据《残疾人教育法》的描述，情绪障碍的表现包括：无法与同学和老师建立或维系满意的人际关系，经常性的难过沮丧或者情绪低落，在正常情况下表现出不恰当的行为并且这种状况持续很长时间，因为个人问题或学校问题常常表现出躯体症状（例如胃痛）或者恐惧情绪。而且，这些表现对学生已经产生了不利影响。

社交、情绪及行为障碍与其他障碍之间也存在差异，但混淆和争议也很常见。例如，有孤独症的学生在同伴互动和社交互动方面可能表现得比较笨拙，有创伤性脑损伤的学生可能因为挫折而出现行为失控，有注意力缺陷多动障碍的学生对违反规则可能满不在乎，有阅读障碍的学生可能出现焦虑情绪。此外，还要注意学生的功能表现，即学生在完成非学业任务方面的表现。学生的个别化教育计划会概括介绍其学业水平和功能水平，既包括学习目标，也包括如何处理日常生活相关事务。功能性技能包括独立性和自主性的各种技能，简单的如自己穿衣、保持卫生、识别交通标志、了解钱的价值，复杂的如在课堂上、学校里和社区环境中如何行事、如何互动。

与其他障碍一样，重要的是要看到，在这些外在表现和残障标签背后，每一位学生都有自己的内核，还要意识到这些障碍可能互有交叉，表现较为复杂。即便有时候学生会出现一些不当行为，工作人员也要关注学生积极的一面。永远都不要以学生在社交、情绪或行为方面的障碍来定义他（她）这个人。花有万紫千红，学生也是一样。切合实际的表扬和反馈可以提升自尊自信，还能驱散负面情绪，减少不良互动和不当行为。每个学生都有自己的长处。不管学生擅长绘画、写作，还是修车、美容，或是知天文懂地理，都要充分利用并肯定这些长处。

教学建议

　　学生的经历各不相同，工作人员需要看到、听到这些来龙去脉，并且通过适当的干预措施来给予回应，这些干预措施应该适合学生在社交、情绪和行为方面的发展水平。有时候，有些学生虽然表现得安安静静，但也会有些难以察觉的迹象，一定不要忽视。如果学生来上学的时候蓬头垢面，只穿深色衣服[①]，在做作业时或者行为方面表现出抑郁情绪，一定要引起注意并做出回应，这一点至关重要。有时候，学生的表现在一周、一天甚至一小时之内都会出现波动，要仔细观察学生，很多排山倒海般的情绪都藏在波澜不惊的表面之下。一定要记得关注那些特别安静的学生，他们可能在无声地呐喊，请求我们回应和介入。如果学生表现出外倾行为，记得要清楚地表达你不喜欢这个行为，但不是不喜欢他（她）这个人。一定要将两者区分开来，虽然很不容易，但却至关重要，而且还要提醒周围的人也这样做。有些班级规则不能违反、不容商量，要主动告知学生，如有违反，要严肃对待、照章执行。要前后一致、公平坚定，始终保护所有学生的安全。

　　一定要判断不当行为是不是残障的表现。按照法律规定，如果因为学生违反行为规范将要对其处以连续停课10天以上的惩罚，则必须先行评估这种行为是不是残障的表现，以便判断这种行为是与残障有关，还是当地教育机构（local education agency, LEA）未能落实个别化教育计划的后果（Brownley, 2014；美国教育部，Sec. 300. 530）。如果确定是残障的表现，则需进行功能性行为评估（functional behavioral assessment, FBA），进一步确定出现这种行为的原因。之后就要修改行为干预计划（behavioral intervention plan, BIP）——如果有的话。如果还没有，那就制订一个行为干预计划。行为干预计划要列入学生的个别化教育计划当中——这是根据《残疾人教育法》的要求为残障学生准备的文件。记住，学生不做功课，很可能是出于各种各样的原因。有时是因为作业太难了，让他（她）感到挫败，有时是对作业不感兴趣，有时是在寻求关注。学生往往宁愿大发脾气也不愿承认自己不知道怎么做。这种时候，工作人员可能就会认为学生不守纪律，而实际上他（她）只是感到沮丧。

---

① 译注：通常认为深色衣服与抑郁、沮丧或消极情绪有关，因此这种情况可能提示学生的情绪状态不佳或有心理健康问题，尤其是与学生平时的穿着习惯不符时，可能表明他们正在经历一些情绪或心理压力。

还有些时候，对于某些学生来说，有些课程可能太过简单，所以他们表现出不当行为。

开展功能性行为评估的时候，个别化教育计划团队会判断学生为什么不断表现出某些不可理喻的行为，之后会根据功能性行为评估的结果选择适当的干预措施并且付诸实施。功能性行为评估之后，常常会制订更加正式的行为干预计划。行为干预计划包括正强化手段以及个性化行为计划。即便没有正式的行为干预计划，老师也可以根据学生的情况准备一个非正式的计划，使用行为后果帮助学生学习正向行为。非正式的行为干预计划包括监测和强化，旨在用正向行为代替不当行为。要不断观察、记录、分享学生的行为表现，强化正向行为，同时注意分析行为的前提。如果这个班级是由教师协作教学的，或者有教学助理或助理教师在场，教师们就要共同承担监测学生行为、强化正向行为的任务。所有的工作人员都有责任观察学生、记录数据、辅助支持、提供强化。

融合策略

教师了解学生，学生提高自我认知

让学生通过情绪调节、社交互动以及提高自我认知的方式来为自己的行为负责，并且反思自己的行为。工作人员需要认识到，有阅读障碍的学生做不到奇迹般地说读书就读书，同样，有社交、情绪、行为障碍的学生也需要时间和辅助才能学会用正向行为表达。请学生聊聊自己的日常生活，再与学生家人以及教过他（她）的老师聊聊，通过这种方式增进对学生的了解。观察学生，给学生活动清单让他们从中选择自己喜欢的事情，多和他们聊天，这样就能发现他们最喜欢什么活动。之后可以将其中一些活动融入教学和作业当中，调动学生的积极性，激发良好的社交和行为表现。可以考虑使用下列教学方法：

- 碰到情境相似但因学生反应不同导致结果不同的情况，可以与学生一起讨论比较，让学生清楚地看到，做事方式不同，行为表现不同，体验到的后果也有所不同，通过这种方式将情绪－社交－行为串联起来。可以这样说："昨天（上课的时候），十分钟的时间里你三次离开自己的座位，结果课堂重点都没记下来，但是今天你的眼神特别专注，一直坐在座位上专心听老师讲课，所以笔记记得特别棒。"

- 在课堂上给学生读书，或者让学生在家看一些分析情绪但又不会引起焦虑的书（详见附录 D），比如卡丽·邓恩·比龙的《焦虑，变小！变小！》(When My Worries Get Too Big: A Relaxation Book for Children Who Live with Anxiety by Kari Dunn Buron)、丽萨·M. 萨伯的《美国儿童自信力训练手册：帮助孩子学会积极主动、乐观行事的心理课》(Cool, Calm, and Confident: A Workbook to Help Kids Learn Assertiveness Skills by Lisa M. Schab)，还有 Dzung X. Vo. 的《正念孩子：帮助你面对压力》(The Mindful Teen: Powerful Skills to Help You Handle Stress, One Moment at a Time by Dzung X. Vo.)。
- 试试通过角色扮演来探究行为的奥秘。
- 在大班教学和小组教学的过程中，为学生提供各种工具，不管是低科技工具，还是高科技电子设备，帮助学生提高眼神交流、语气语调变化、正向行为、肢体语言和社交互动方面的意识（比如利用 www.Classdojo.com 这种线上交流网站，使用虚拟形象来强化正向行为，或者利用 www.do2learn.com 网站上提供的各种资源和活动，提高社交技能和行为管理能力，以及使用视频示范、师生讨论以及行为统计表格等功能）。
- 让学生表达自己的感受，不评价对错，但要复盘分析，这样才能制订进步计划（比如写日记、用 1～5 级的分数给自己的行为打分）。
- 给学生解释用幽默来转移紧张情绪有哪些好处。
- 不要讽刺学生，始终正面评价。
- 知道什么时候应该反应，什么时候不该反应。

明确要求、解释到位、提供资源

如果每天要做的事没有什么规律可循，或者让人不太喜欢，那么有行为障碍的学生往往很难理解，也很难遵守其中的规则。因此，工作人员需要进行结构化的设计，并且主动把这些安排解释清楚，把每天要做的事情、目标以及要求清单张贴起来。如果日程安排有变，需要提前告知学生，同时解释清楚变化的原因，这样才能让学生比较容易接受，提前预防不当反应，例如指着日程表中有变化的地方说："今天要开会，所以没有音乐课了。"经常带着全班同学复习班级的规则以便他们加深印象。课堂上要留出时间跟学生对话交流。

学生家人以及同龄人都是可以利用的资源。将学校日程安排告诉学生家长，这样他们就可以了解、推动、协助和巩固校园生活的日常安排，还能做好后勤准备工作。除此之外，如果条件允许的话，还可以为学生安排一名"同伴教练"，培训这位"教练"——在工作人员的指导和鼓励下——为学生提供指导，帮助学生搞清楚每天在学校里/课堂上都要干什么，如何完成日常事务、遵守行为规范、达到学习要求，如何与他人恰当互动。要意识到，有些年龄较大的学生可能不愿意在同学面前承认自己听不懂这节课，因而表现出不当行为。教师可以提供的条件和资源包括让课堂变得更有吸引力、鼓励学生提出问题、留出充足的时间为学生提供支持或者帮忙复习，这将最大限度地减少学生的焦虑。

正面引导

要表扬学生，还要及时给予真实具体的反馈（比如解释行为及其后果之间的因果关系，录制学生个人反思、自我批评的视频以便提高自我认识，表扬学生按照个性化行为计划中的目标所取得的进步）。一定要遵守学区、学校有关征得家长同意的政策和程序。要看到学生在同伴互动和其他行为方面的小进步，及时给予奖励。充分利用各种提示，比如语气变化或面部表情。给学生示范解决问题的技能，以实际行动示范坚持不懈实现目标的重要性。无论是发出信号还是口头提醒，都要私下进行。重视替代行为，让学生知道可以使用哪些替代行为。例如，如果学生回答问题的时候无视纪律、张嘴就来，可以给他（她）示范轮流等待是什么样的，或者建议他（她）先写下来，而不是大声喊出来。

上述做法的最终目标是利用学生的兴趣、发挥学生的长处，不过分强调负面行为，也不将其无限放大，因为绝大多数时候，负面行为都与情绪障碍有关。要达到这个目标，就要了解自己的学生，看见各种残障标签背后的他们，还要扬长补短（详见附录A）。例如，如果学生的语言表达能力较强，或者喜欢和同龄人一起学习，那就多安排辩论活动、互动讨论以及合作小组任务。发现学生的喜好，尊重他们的特点和偏好。如果学生不喜欢阅读和写作，但是喜欢看电影，那就让他（她）总结电影情节或者撰写影评，通过这种方式提高阅读和写作技能。如果学生不喜欢数学，而你了解到他（她）喜欢梅西（Lionel Messi）、碧昂斯（Beyoncé）、《暮光之城》（*Twilight*）等，那就把体育明星、流行歌手、吸血鬼元素写进应用题里，把数学技能融入题中。

尊重学生的内在需求

学生外在的社交、情绪和行为异常并不总能反映他们内心的想法和情感。有些学生平时可能很善于掩饰或隐藏自己的真实感受，但是碰到什么事情或在某些课堂要求下，或者与人互动的时候，就会触发那些所谓不恰当的反应或不应该有的行为。

有些学生需要额外的关注、教育、支持，需要课堂结构化，好的课堂环境永远都应该为他们提供辅助——不管他们表现出攻击性也好，不成熟、不诚实、不认错也好，害怕、焦虑也好。想要知道应该提供什么样的支持，意味着需要了解学生的内在需求，能够预料到他（她）面对那些令其感到困难的学业、情绪、行为或社交任务时可能会如何反应。如果学生还没学会一位数乘法，那么考试题里就不该有两位数、三位数乘法。如果学生是四年级的阅读水平，就不该要求他（她）读《愤怒的葡萄》（*The Grapes of Wrath*）[①]。社交、情绪和行为方面的干预也是这个道理：为学生提供支持的时候，要基于他们的能力，逐步增加力度。维果斯基（Vygotsky）提出了"最近发展区理论"，认为学生的发展有两个水平，一个是在引导或指导下完成任务时的水平，一个是独立解决问题或完成任务时的水平，两个水平之间的差距就是最近发展区（学习理论，2016）。我们永远都不应该等到学生觉得挫败了才提供指导，因为这样一来学生会觉得更加紧张，无力感更强。

尊重学生的内在需求，还意味着不要让他们在同学面前丢脸，不要当众惩罚他们。要像前面说的那样，找时间和学生单独谈话，让学生自己复盘。为学生提供安静的教室空间，让学生有个缓冲的时间，在社交、情绪和行为方面进行反思（还有机会让学生中止不好的行为，采取替代行为）。鼓励学生写日记，不管是写一段文字，还是画漫画、说唱，什么形式都可以。了解学生的内在需求，这样才能根据学生现有的以及可能达到的社交、情绪和行为水平为其提供个性化的支持。

[①] 编注：这是描写美国经济大萧条时期的小说，适合高中和大学阶段阅读。

化负面经历为正面行为

要认可学生的情绪，不要把学生的想法和感受不当回事，但也要为其提供行为脚本和补偿策略[1]，用正面的想法和活动（比如使用压力球、写日记记录想法、涂鸦）代替负面的体验和感受，以便化解愤怒情绪。给学生解释在交谈中灵活应变和不会变通都是什么样的表现，演练恰当的同伴互动行为，如果学生无法解读非语言沟通的信息，则应为其提供帮助。可以让学生根据情绪强度对所处情境进行评级（比如使用情绪温度计以免反应过激——这种做法可以使抽象的行为变得可以量化、更加具体，有助于学生保持和恢复冷静）。有的学生有选择性缄默症，无法在同学面前发言，那就允许他（她）在家里或比较小的环境中写好稿子或者预先录制演讲。把负面经历看作教学契机，让学生想想（除了不当行为）还有哪些应对办法，同时进行反思。

联合各方力量

与学校心理教师、辅导员、行为干预专家合作，并酌情与提供服务的校外资源（比如治疗师）合作，准确识别社交、情绪和行为障碍以及各种可能的并发障碍。识别这些障碍往往不太容易，因为这些障碍不像阅读水平和数学熟练程度那样有一个量化的标准。筛查评估程序需要观察学生的行为并且给出评分。筛查之后，所有跟进的干预措施和策略都需要根据个体情况分级，再对实施效果进行跟踪监测，让学生不断地练习并应用到不同的情境中去，还要让学生及其家人、所有工作人员理解并掌握。

请记住，这些干预或支持也会对其他同学和课堂管理产生影响。如果某位学生有行为干预计划，实施的时候应该保护其隐私，不要大张旗鼓。如果学生跟不上日常活动的节奏，那就教他（她）以其他正向行为来代替这些活动。要警惕多米诺骨牌效应，注意有没有同学模仿这名学生的行为或者回避孤立这名学生。要避免和学生你来我往、唇枪舌剑，这样只会让同学和其他老师、领导越来越疏远他（她）。例如，不要在同学面前训斥某位学生，也不要没完没了地指责他（她）做错了什么。要成为学生的"注意力同盟"，要强化正向行为，学生只要专心做事，就要及时给予反馈。

---

[1] 译注：行为脚本指的是为学生提供预先设定的行为模式，帮助他们在特定情境中做出适当的反应；补偿策略指的是帮助学生克服弱点或缺陷的方法。

＊

回顾本章有关社交、情绪和行为障碍的内容，要保障、维护学生的权益，重点是要做到以下方面：

- 正面引导。
- 认可学生这个人，分清人是人、行为是行为。
- 明白社交、情绪和行为障碍的多样性，学生不同，表现也就不同，各种情况都有。
- 与工作人员、学生及其同学、家人齐心协力。
- 相信学生能够取得进步，对学生抱有较高期望，同时脚踏实地、循序渐进地实施行为计划。
- 记得面带微笑。

第四章
特定学习障碍

障碍原因

接受特殊教育服务的学生中,占比最大的是有学习障碍和学习差异的学生。与其他障碍一样,导致学习障碍的原因也不止一个,在特定学习障碍(specific learning disability, SLD)这个大筐里也有很多不同的表现。导致特定学习障碍的原因可能包括中枢神经系统功能障碍、基因和生物因素、毒素和医学因素(比如早产)(NIH, 2014)。一般认为特定学习障碍是与脑回路差异相关的一种神经系统障碍(LDA)。根据《残疾人教育法》的定义,特定学习障碍指的是排除主要由下列因素导致的学习困难:视力障碍、听力障碍、运动障碍、智力障碍、情绪障碍以及环境、文化或经济方面的不利因素。本书单列一章(详见第一章)讨论的阅读障碍就是最常见的学习障碍,其原因包括大脑活动的异常(IDA)。医生会根据个案的发育史、家族史以及教育史来判断其是否属于特定学习障碍。学校也会使用各种评估工具并参考专业人士的意见开展综合教育评估(Morin, 2014)。这些专业人士包括学校心理教师、班导师、阅读和数学专业人士、干预专家、特殊教育教师和普通教育教师。同时,学校还会听取学生家庭成员的意见。

《残疾人教育法》对特定学习障碍的定义是:在理解或者使用书面语和/或口语所涉及的心理过程中存在障碍,表现为在听讲、思考、说话、阅读、写字、拼写或者算数方面能力不足(Project IDEAL, 2013; Thurlow et al., 2009)。根据《残疾人教育法》的定义,特定学习障碍包括知觉障碍、脑损伤、轻度脑功能障碍、阅读障碍和发展性失语症(无法说话、无法理解言语)。特定学习障碍会对学业产生不利影响,因此,可以将学生在普通智力测试中的分数与该生的学业成绩加以比较,或者采取循证干预措施针对其学业和行为进行干预,之后观察学生的反应,以此来判断学生的问题是否属于特定学习障碍的范畴。

循证实践需要以观察、实验等系统的方式收集数据，基于这些数据得出研究结论，还要有实践证明所使用的教学方案能够让学生有稳定的良好表现，以此验证上述结论（EBBP, 2007; Kretlow & Blatz, 2011）。例如，美国有效教育策略资料中心（What Works Clearinghouse, WWC）就有一份报告，其中提供了强有力的证据证实了下列教学方法的有效性：针对幼儿园到三年级的学生，培养他们对语音片段的意识，帮助他们理解这些片段与字母之间的联系，并学习如何认读单词、分析单词的组成部分（WWC, 2016）。还有研究证实，针对词汇进行直接教学、直接传授阅读理解的策略对于青少年来说非常有效，具体包括在不同的语境中反复接触单词、选择水平适当的文本，并且与学生分享如何应用这些方法（Kamil et al., 2008）。针对数学教学，美国有效教育策略资料中心也有多份报告证实系统化教学的有效性，这种教学策略包括利用有声思维、给学生示范如何解决问题、指导学生进行实践、及时反馈纠正错误、不断积累、不断复习等（WWC, 2009）。学生在社会情感学习方面能力强，学业成绩水平就高，不过社会情感水平的高低也需要可靠有效的评估工具来评估（Haggerty, Elgin, & Woolley, 2011）。①

干预反应模式（Response to intervention, RTI）和多层支持系统通常用于判断学生的学习差异是由外部因素（比如干预措施的选择）导致的，还是由先天条件造成的。干预反应模式需要收集数据来评估学生在学业和行为领域的表现水平，具体包括针对阅读、写作、数学和行为水平的筛查评估，需要跟踪监测学生的进步，还需要对教学强度分级，针对大班、小组和个性化的学习设计不同的干预措施。多层支持系统一般包括三个层级，第一层是针对大班和小组提供高质量核心内容教学，第二层是针对小组学生提供更为细致的教学，第三层是根据数据提供更有针对性、通常是非常个性化的教学（Gamm）。在很多州，如果学生接受了循证干预之后依然没有改善，就要安排特定学习障碍评估，判断学生是否有这种障碍。不过，如果学生所在学校采取了干预反应模式，那么上述信息就会作为评估数据的一部分，用于判断学生是否有接受特殊教育服务的资格（Center for Parent Information and Resources, 2012）。

---

① 译注：社会情感学习（social emotional learning, SEL），近年来教育界课程学习的新趋势，由美国CASEL组织最先提出，指的是个体能够认识并控制管理自己的情绪、在不同环境中识别不同人的情绪状态，做出相应的反应，设立合适的目标，获得解决问题的技能，做出负责任的决定，以维持良好人际关系的学习过程。

特征表现

有特定学习障碍的学生在下列方面经常表现异常：跟随日常活动安排和指令、调用短期记忆和长期记忆、保持专注、完成任务、阅读、写作、拼写以及数学学习。如果学生有计算障碍，那么他们对数字的敏感度就低，在解决数学应用题的时候也会遇到困难。如果学生有书写障碍，那么在书面表达、理清思路、拼写或精细动作等方面就会表现异常。如果学生在阅读方面有缺陷，那么在各个学科都会遇到认读、拼写、流畅度以及理解方面的困难。除此之外，由于缺乏自信心和内驱力、与同伴互动困难，学生在社会情感方面也会受到影响。再强调一遍，具备特定学习障碍的某一特征并不代表一定有某种表现或者没有某种表现。

对于有特定学习障碍的学生来说，如果教学仅仅针对较弱的领域或者被认定为残障或缺陷的方面，而没有充分发挥他们的长处，就会好心帮了倒忙。有学习障碍的学生在阅读、写作、数学、注意力以及对书面语言和口语的知觉能力等方面的表现水平也不一致。有特定学习障碍的学生可能不擅长数学，但写作却很出色，或者在阅读理解方面可能有困难，但在音乐、美术、演讲、体操方面却很优秀，也有可能对戏剧、恐龙或植物学很有兴趣。认可学生的长处，采取个性化的干预措施，帮助学生理解所学的概念并且展示自己所学的知识，这种教学就需要"跨媒介、多形式"，其中最为重要的就是要抱着"相信学生能行"的态度。学习障碍是终身障碍，不会因为学生升学（从小学到中学，再到高中、大学）而消失。值得庆幸的是，利用学生长处的教学策略和干预措施也不会消失，这些策略和措施会通过示范、实践、反馈以及适当的应用来帮助学生学会发挥自己的长处。

融合策略

辅助、监测、消退

对于有特定学习障碍的学生来说，重要的是提供支持，但不能让他们产生依赖性。帮助学生学会自我倡导，提升自我效能和元认知，改进提升计划，在这个过程中引导学生接纳自己的表现水平。接纳自己，不仅包括承认自己较弱的方面，还包括突出和发挥自己的长处——本书从头到尾都在强调这一点。最终目标是让学生独立完成任务，而这个目标是可以通过个性化教学和专门设计的教学来实现的。策略从来都不是通用的，因为每一位有学习障碍的学生都是独一无二的。

适当的指导辅助包括经常复习和重复、操练和实践以及跟踪和监测。换句话说，授课的时候，需要对涉及的词汇、概念以及要求进行分解、示范，还要开展课前教学、详细讲解，把握适当的节奏，同时以不同的形式呈现内容材料，这样才能既保证课业有一定难度，但又不至于难到让学生感到泄气或厌烦。重点不在于教什么，而是怎么教。内容很重要，但过程也很重要。不断开展课程本位评估，以便掌握真实情况来指导教学。

辅助还可以是让学生使用语音转文本、文本转语音的技术，或者电子书、录音笔等工具。思路清晰的工作表格、图形分析梳理工具以及思维导图等都可以用来突出课程要点。帮助学生在书面表达中组织想法、整理思路的时候，图形分析梳理工具和写作提纲尤其有用。人们对待科技的态度忽冷忽热，有时欢迎，有时嫌弃——觉得科技是一种干扰。不过，很多电子设备、软件以及学习平台都有针对多样性的设计，可以提供个性化学习方式供学生选择（Herold, 2016）。下列网站和应用程序都可以提供实用的视觉、听觉以及动觉-触觉工具和策略，帮助那些有能力学习但学习方式比较特别的学生。这些资源可以帮助那些特别的学生和同龄人一起取得进步，并且获取方式多种多样。我们列举的资源并不是全部的，但这些应用程序和软件足以让你对各种各样的教学形式和活动有所了解。

下面这些工具能让学习更加方便，还有助于梳理、复习并且实际运用所学知识。其设计初衷都是让学生不会因自己的障碍而无法取得进步。从积极的角度来说，这些工具能够帮助学生理解教学内容，允许学生以各种各样的形式参与教学活动，也允许教师以不同形式开展教学和评估。

- **Abilipad**（https://appytherapy.com/abilipad/features）：具备自适应书写和阅读功能，比如定制键盘、文本转语音以及提词功能。
- **Animoto**（https://animoto.com）：可以用照片、视频剪辑、歌曲和文本创建视频。
- **Audio Note**（http://luminantsoftware.com/iphone/audionote.html）：可以上传、整理课堂笔记和讲座音频，还可以标记重点内容、方便记忆。
- **Brainpop**（www.brainpop.com, www.brainpopjr.com）：内容包括英语、数

学、科学、社会研究、健康、美术、音乐和信息技术等主题的动画片，还附有交互式测验、游戏和活动，可供电脑和移动设备访问。（除了英文版，还有西班牙语和法语版）

- **CAST UDL Book Builder**（http://bookbuilder.cast.org）：制作、阅读、分享以及出版电子书的网站。
- **Dragon Dictation**（www.nuance.com/for-individuals/mobile-applications/dragon-dictation/index.htm）：可以将语音转为文本，包括word、推特的推文、电子邮件、脸书帖子等文本格式。
- **Enchanted Learning**（www.enchantedlearning.com/Home.html）：教育网站，介绍小学到高中各个学科的学习活动。
- **Evernote**（https://evernote.com）：可以抓取、保存、标记图片和文字，允许用户从不同设备登录访问这些图片和文字。
- **Flocabulary Educational Hip Hop**（www.flocabulary.com）：可以把学业内容改编成说唱歌曲，附有历史、语言艺术、科学、社会研究、数学、词汇、时事和生活技能等课程。
- **Freeology Graphic Organizers**（http://freeology.com）：可以获取针对各个学科的图形分析梳理工具。
- **Funbrain**（www.funbrain.com）：提供在线教育游戏，旨在提高阅读、数学和批判性思维能力。
- **Glogster**（http://edu.glogster.com）：可以设计和获取交互式多媒体海报。
- **GoAnimate**（http://goanimate.com）：使用虚拟角色作为主角，撰写脚本、录制配音，制作动画视频，表达信息和概念。
- **Good Reader**（www.goodreader.com）：适用于iPad和iPhone的PDF文档阅读器，用于阅读、复制、注释、创建和管理文档、文件。
- **Inspiration Software**（www.inspiration.com）：配以带有视觉效果的图形分析梳理工具、提纲、图表，用于整理课程主题、细节、词汇和概念，还有专为小学生设计的儿童版网页（www.inspiration.com/Kidspiration）。
- **Kahoot**（https://kahoot.it）：在线学习平台，提供与学科相关的问题、测验、讨论和调查，供用户访问、创建。
- **Khan Academy**（www.khanacademy.org）：提供循序渐进的在线教学视

频，可供学生访问，有助于小学到高中各个学科的学习，如代数、经济学、艺术史等。

- **Live Scribe**（www.livescribe.com/en-us）：配合智能笔，用于辅助学生记笔记，抓取听到的内容以及文字信息，还有单词、图表、符号和音频的回放功能。
- **Mind Mapping**（www.mindmapping.com）：以视觉形式梳理组织各种想法和信息，针对某一主题，以文字和图片的形式体现从主旨思想展开到分支细节的过程。
- **Notability**（www.gingerlabs.com）：针对笔记、照片、草图进行项目管理，可以创建、整理、注释、发送电子邮件并且导出到 Dropbox。
- **Phonics Genius**（http://dyslexiahelp.umich.edu/tools/apps/phonics-genius-free）：应用程序，可以帮助低年级学生提高语音意识，通过发音来学习说话、阅读和认读单词。
- **Plickers**（https://plickers.com）：评估工具，可以提供学生进步的实时数据，学生可以在线回答问题，教师可以快速浏览答题情况。
- **Popplet iPad Tool**（http://popplet.com）：iPad 应用程序，能够以视觉形式梳理概念，方便理解主题和细节之间的关系。
- **Quizlet**（https://quizlet.com）：在线网站，储存各个学科的词汇和定义，学生和教育工作者可以在此创建和访问技能闪卡，用于自测和测验。学习活动和游戏活动都有匹配的词汇表。具备文本转语音功能，还可以选择转图像功能。
- **Scribblit**（http://scribblitt.com）：自助出版网站，学生可以选择自己的角色、故事和插图来创作和分享故事。
- **Super Teacher Tools**（www.superteachertools.com）：为教师提供教学、管理和组织方面的工具，包括《危险边缘》和《谁想成为百万富翁》[1]等可用于复习的游戏，还有座位表、计时器、随机分组器和二维码。
- **Voice Dream Reader**（www.voicedream.com）：带有语音提示功能的手机

---

[1] 译注：《危险边缘》，美国益智问答类电视节目；《谁想成为百万富翁》，根据美国同名电视节目改编的休闲益智游戏。

和应用程序，可将书籍、文章和文档中的文本转为朗读语音。
- **VisuWords**（www.visuwords.com）：在线图形词典，可以直观地将词汇与其含义、相关单词以及相关概念联系起来。
- **Wordle**（www.wordle.net）：根据文本生成词云，以可视化的方式呈现单词，以便突出主要思想。
- **Zunal**（http://zunal.com）：可以在线创建和访问从小学到高中的网络探究相关课程，覆盖美术、音乐、商业、经济、语言艺术、健康、体育、生活技能、职业、科学、数学、社会研究和信息技术等各个学科。

跟踪监测学生的进步，方便教师了解应该什么时候开始逐渐减少或撤出辅助。在最近的一次专业发展会议上，有位教育工作者说，有一天，一个正上高三的学生对她说，他喜欢她做自己的资源教师，也感谢她为自己的高中生活提供了很多支持，但现在他不再需要她的服务了。这些话说明学生已经真正掌握了学习策略。这位老师说，那是她作为老师最开心的时刻。

抽象内容具体化

有特定学习障碍的学生也能学习，只是学习方式不同。因此，要不断探索把抽象概念变得具体的方法，并且总结概括、找出规律，达到让学生理解的最终目的。如果学生在视觉、听觉以及解读输入信息方面有困难，那么使用教具并以不同的方式呈现教学内容，就可以帮助他们避免知觉困难。遵循通用学习设计（universal design for learning, UDL）原则，通用学习设计是一个教学理论框架，旨在通过多种形式的呈现方式、教学活动、表达以及参与方式，使所有学生都能有机会学习课程（CAST, 2015）。在通用学习设计的理念框架下，多样化的目标、方法、材料以及评估是司空见惯、理所应当的，而不是特殊的例外。有些概念看起来可能非常抽象或者陌生，但如果能将视觉、听觉和动觉元素融入教学活动中，就能让学生看到、听到、感觉和体验这些东西。例如，想要帮助学生理解抽象概念，可以给他们听一首关于《人权法案》的说唱歌曲，听一段《阳光下的葡萄干》[①]的有声书，或者使用网

[①] 译注：《阳光下的葡萄干》（*A Raisin in the Sun*），又译为《蒸发的梦想》，美国非裔女性剧作家洛伦·汉斯贝瑞创作的剧本，剧名取自美国诗人兰斯顿·休士的诗句。

站上的文本转语音功能阅读非小说类文章。

让·皮亚杰（Jean Piaget）认为，在认知发展的具体运算阶段，学生通过概括总结获得演绎和归纳的推理能力，同时通过试错来发展更为抽象的思维（McLeod, 2009）。[1] 例如，一年级的学生如果不反复数一套东西有几个——不管这些东西是筹码、蜡笔还是硬币——就搞不清楚一套五件比一套三件多。研究古代两河文明[2]的时候，学生亲眼看到、亲手摸到并制作苏美尔雕像的复制品，或者在泥板上模仿楔形文字抄写的时候，才会有身临其境的感觉。有读写障碍等阅读困难的学生可能不喜欢只阅读课文，还得用打拍子的方式标记每个音节，这样才能明白多音节单词的各个组成部分。使用两种不同颜色的纱线来表示经线和纬线，比单单看教科书上的地图更有助于学生理解这个概念。教学过程应该包括指导练习，同时还要关注学生对视觉、听觉和触觉刺激的反应，还要选择合适的教具以便辅助教学、提高质量。

结合生活实际

结合生活实际开展教学活动，阅读、写作以及数学的学习可以不局限于书本。读写和数学技能也是生活技能。例如，学生如果会看报纸，就能了解自己所在的社区、国家以及全球大事，还能学习认读、扩大词汇量、理解和推断重要观点。看烹饪书或者浏览专为儿童设计的在线烹饪网站（比如 www.spatulatta.com）上的食谱也能帮助学生提高读写能力。还可以使用待办事项清单、广告、手册以及教室和学校周围的交通标志来培养学生的阅读能力。鼓励家庭在购物或者旅行的时候结合生活实际增加阅读体验，或者使用购物清单、电话账单、信用卡对账单、在线地图和游戏指南等多加练习。

写作技能在现实生活中也有用武之地，比如用于写脸书帖子、短信、推特的推文、感谢卡、教室物品的标签、个人介绍以及点评等。尽管脸书上的帖子、推特的推文和短信经常使用俚语和缩写，但也是学生实际生活的一部分。一节有价值、有意思的写作课可以让学生将这些写作形式与标准英语进行比较和对比，这种做法可以使学生注意到不同平台之间的异同，对提高元认知有帮助。除此之外，日常生活也会涉及数学计算，比如准备预算、计算小费、测量地图上两个地方之间的距离、

---

[1] 译注：皮亚杰将儿童和青少年的认知发展划分为四个阶段：感知运动阶段、前运算阶段、具体运算阶段、形式运算阶段。

[2] 译注：Mesopotamian civilization，又译美索不达米亚文明。

确定如何切比萨才能均分、发现衬衫或衣服设计中的几何图案、计算棒球运动员的击球率等。在家庭作业、课堂教学和测验中设置与实际生活有关的情境，融入数学和读写知识，可以使教学更加生动。

提高记忆和元认知

记忆影响我们学习、保留信息以及未来使用信息的能力（美国学习障碍协会）。我们所说的记忆由工作记忆、短期记忆、长期记忆组成，它们的作用分别是抓住信息、将信息用于临时检索、将信息长期保存。通常，记忆是通过感官输入（比如视觉、听觉或触觉的方式）来提升和加强的。人在对听觉、视觉以及触觉信息进行编码的过程中，通过声音、图像和触觉对记忆进行加工和存储，以待日后从短期或长期记忆中回忆起来（Mastin, 2010）。马斯丁（Mastin）谈到语义编码的时候解释说，这就是在语境中解读感官输入信息，之后再通过联想发掘更多的意义。

在这个信息过载的时代，学生接触的信息量极为庞大，但并不总是能够记住、保留、检索并且应用学到的东西。助记法和离合法为有学习困难的学生提供了一种简单的信息检索方法。[1]当然了，学生需要通过反复接触、持续跟进才能对这些信息进行拓展，不过这些工具可以使学习的脚步不断向前。在一次科学课上，有位学生告诉我，他用"www.erosion"代表"风""水""风化作用"这几个词。[2]之前我们一直在练习和使用离合法帮助记忆，不过这个方法是他自己设计出来的，既加强了概念记忆，又提高了学习意识。

下面这段话就使用了离合法帮助记忆，同时也解释了这种学习意识，也就是元认知的概念：[3]

　　要掌握就要反思。
　　把错误变成学习的机会，效率就会提高。
　　思考自己的思考过程，就能取得进步，

---

[1] 译注：助记法（mnemonics），指的是一种记忆技巧或策略，旨在帮助个体更有效地记住信息，通常是将要记住的信息与熟悉、易于回忆的线索相关联；离合法（acrostics），指的是以字首组词作为提示来帮助记住一系列信息，这种技巧是使用一个易于记忆的句子或短语来帮助检索信息。
[2] 译注：英文中风、水、风化作用这三个词分别是 wind、water、weathering，均以 w 开头。
[3] 译注：下面这段话里，英文每句话首个单词的开头字母连起来就是"元认知"这个词。

就能意识到自己已经懂得哪些东西、还应该学习哪些东西。

变化就发生在思考的过程当中。

不断自我评估，就会带来进步。

充分了解采取的策略，才能给出真实的反馈。

神经认知功能将会得以改善。

使用这些策略，意味着愿意接受挑战并将其视为成长的机会。

花时间反思是必要的。

教学要给学生积极参与的机会。

要了解、管理和确立学习目标。

需要帮助，指的是认识到自己的弱势，然后采取适当的策略加以改善。

发挥同伴作用

有时候，成年人在学生身边跟着会让他（她）感到难堪，因此可以安排同龄或年长一点的同伴教练为学生提供示范和帮助。还可以考虑建立一个长期的支持体系，请同学作为教练，开展双方互利的读书活动、班级内部的同伴辅导活动，或者大家一起合作，共同解决问题。一定要解释清楚"教练"和"学员"的责任，并且提供持续的培训、督导和支持。

专门设计的教学应该是个性化的，同伴辅导项目也是如此。这样做的好处包括帮助学生学习知识、提高学习成绩、提升自尊自信，使其更投入地参与各种活动，表现出正向的社交行为（Irvin, Meltzer, & Dukes, 2007）。

提倡团队精神

如果学生在单词认读、阅读流畅度和理解方面有困难，就要向阅读专家和专门指导阅读的人寻求帮助。通常，言语语言病理学家可以提供建议和资源，帮助有阅读障碍的学生。基础技能教师和在数学学习方面进行专门干预的人可以给大班、小组和个别学生授课。协作教学的教师可以开展平行式教学，根据学生的参与程度，以不同的速度讲授类似的概念。例如，在一节讲解词性的课上，一位老师可以让一组学生在一篇文章中标出名词和形容词，而另一位老师可以帮助另一组学生创作钻石型诗或者进行句子图解①。

与所有工作人员——不仅包括普通教育教师和特殊教育教师以及相关工作人员，还包括行政管理人员、教学助理、学校秘书、图书管理员、实习生、志愿者和学校所有教职员工——齐心协力，这样才能在教学和评估之前、期间和之后得到更多的建议和专业知识。团队成员还应该包括学生本人及其家庭成员。即便这些学生的家庭成员对于学习障碍以及其他困难的接纳程度不同——有些家庭可能感到灰心，不愿意承认，甚至排斥——沟通也是至关重要的。协作式规划不仅限于在家长会上或返校当天做，足球比赛、学校舞会和社区活动也可以是合作的契机。要了解学生及其家庭成员，也可以充分利用在校外的时机沟通彼此的想法。

*

回顾本章有关特定学习障碍的内容，要保障、维护学生的权益，重点是要做到以下方面：

- 接纳学生当前的状况，提供适当的辅助和支持。
- 提供支持，但不要让学生产生依赖性。
- 知道应该何时慢慢撤出支持。
- 通过重复和扩充教学内容做到以不同的节奏开展教学活动。
- 对学生抱有较高期望。
- 要多多鼓励、指导、引导和表扬学生。
- 强化学生的记忆。
- 联系生活实际教学生读写和数学。
- 让学生的同龄人成为同伴教练。
- 提倡团队精神。

---

① 译注：钻石型诗（diamantes），一种特殊类型的诗歌结构，通常由七行诗组成，诗句格式形状像一颗钻石，通常第1句和第7句、第2句和第6句、第3句和第5句对偶；句子图解（diagram sentences），一种语法解析的方法，通过将句子的各个部分进行符号标记和图解帮助学生理解句子的结构。

第五章
执行功能障碍

障碍原因

执行功能（executive functions, EF）指的是影响行为组织能力和调节能力的认知技能（UCSF, 2016）。这些技能包括但不限于注意力、规划能力、解决问题的能力、自我调节能力、决策能力以及关注有用感官信息的能力。执行功能障碍的确切原因尚不清楚，但曾有研究将其归因于大脑额叶的疾病或损伤，这种情况会影响学生执行任务、处理日常事务以及预测后果的能力（Headway, 2016）。研究表明，执行功能障碍还可能与基因和遗传有关（Morin），因为执行功能障碍有家族性，而且有些人天生执行功能就弱。此外，执行功能障碍通常伴发其他障碍（比如特定学习障碍、情绪障碍、孤独症、注意力缺陷多动障碍以及创伤性脑损伤）。

特征表现

执行功能就像是管弦乐队的指挥，有了指挥，人们才能听到各位音乐家的演奏（Packer）。还有人把执行功能叫作大脑的首席执行官（Morin），当作总负责人。如果执行功能出现紊乱，大脑分派任务——让我们清楚下一步该干什么——的时候就会出现脱节，变得难以捉摸，除非把指令和要求都清清楚楚地列出来。这种脱节常常源于错过指令、搞错信号，或者是信息传输不畅以及误解，从而导致执行任务不准确，让学生感到非常挫败、困惑、不堪重负。例如，老师说要布置家庭作业，有执行功能障碍的学生就想不到要记在本上，即便记在了本上，也可能不记得去看，最后无法按照规定时间或要求完成作业。这些问题家长或老师无从知晓，因为基本没人提出来过。有时候，学生沉默可能并不表示他（她）理解了，而是根本就不知道该问什么。

有执行功能障碍的学生在执行日常任务方面经常出现困难。针对执行功能障碍的评估和筛查工具包括神经心理测验、观察、访谈和评定量表。执行功能行为评定量表是一份问卷，供教师和家长评估 5 至 18 岁学生在学校和家庭环境中的执行功能行为（Guy, Isquith, & Gioia, 2000）。问卷的题目涉及情绪控制能力、行为抑制能力、在不同活动之间切换的能力，还有行为组织能力、规划能力以及工作记忆。

执行功能障碍的特征表现主要是在下列技能方面出现异常：

- 关注和分析任务，以便提取重要信息。
- 启动并完成任务。
- 管理时间以便规划当前任务涉及哪些步骤。
- 把握任务进度和工作职责。
- 根据任务的缓急安排顺序（如果该项技能出现异常，学生可能临到截止日期前一天晚上才开始着手做某项长期任务）。
- 整理口头和书面信息并据此行事。
- 梳理想法、有序行动。
- 记住并调用信息。
- 从一项活动或任务切换到下一项。
- 最初计划不成功的话就改变路径。
- 完成课堂和家庭作业。
- 同时执行多个任务。
- 向同龄人和成年人寻求帮助。
- 查询信息。
- 控制冲动。
- 设定未来目标。

重要的是要注意，执行功能障碍的表现多种多样——有些表现比较明显，有些则不那么明显。执行功能障碍常常影响多任务处理能力和行动积极性，因此工作人员必须认识到学生各有各的情况，注意到每个人的长处、兴趣和偏好。如果学生很擅长计算机，那么为其提供一个电子日历或应用程序就是一个好方法，这样就是扬长避短，认可学生的强项，避开行为组织能力的弱项。如果学生的人际交往能力很强，那么安排一位同伴教练给他（她）示范如何遵守各种课堂规范并对其进行监督，也是一个可行的选择。

教学建议

学校对学生有各种日常要求，但是有执行功能障碍的学生的行为组织能力有限、记忆力弱、容易分心，控制冲动的能力以及规划能力都比较弱，因此可能会感到不堪重负、灰心丧气。针对这种情况，学校工作人员需要提高自己的执行能力，同时为学生提供适合其个人情况的支持。例如，布置长期任务的时候，在时间表和日历上突出显示截止日期，这对有执行功能障碍的学生很有帮助。教师还应该时不时地督促学生完成作业，检查学生的作业进度。因此，教师和学生都有责任梳理、规划和学习各种有助于提升执行功能的方法。除此之外，让家庭参与规划也很重要，这样的话，所有的信息和教学方法都可以共享。

融合策略

帮助学生确立目标

让学生自己确立目标、制订计划、安排顺序、把握进度。我们的最终目标是让学生提高自我意识，这样他们就能确立自己的目标，提高学业、行为、情绪和社交等方面的能力，圆满完成任务。确立目标包括制订改进计划，以便更好地安排顺序、衡量轻重缓急、启动任务、组织规划，并调用必要的技能来达到要求、实现预期。老师"变身"教练，采取循序渐进的方法，鼓励和督促学生，评估他们的进步并且帮助他们克服障碍。

提供有条有理的框架

一旦确立了目标，接下来就应该制订一个有条有理的计划来执行这些目标任务。要做到有条有理，有时需要改变物理或社会环境，增加或去掉某些视觉或听觉线索（Center on Brain Injury Research and Training）。环境可以提供帮助，但有时也会带来干扰，有执行功能障碍的学生可能无法过滤掉这些干扰。有时候，太多的指导会让学生感到困惑，因为学生可能没有足够的时间来处理和思考这些任务的要求。学生坐在窗边或者门口，可能会被视觉和听觉刺激分散注意力。除此之外，如果身边坐着的同学不是那些同样行为无计划性的"同党"，而是"有条有理"的榜样，对这些学生显然也是有帮助的。

行为组织方面的支持包括将一项任务分成几个部分，然后监督学生的完成进度。长期任务通常需要单独组织语言或者配上图片。表 5.1 给出的例子就是帮助学生确认自己是否完成了全部的读书报告作业。作业的各个部分以检核表的形式一一列出，可以作为自我监督计划，提高规划能力。表 5.2 和表 5.3 也可以起到同样作用，只是格式不同，文字较少。执行功能较弱的学生可能会觉得这种形式更有吸引力。认真复习这些框架，想想自己是如何给出课堂作业的书面要求的，条理是否清楚。

提高专注力、记忆力

讲课的时候为学生提供使用动觉（运动）的机会，可使学生最大限度地集中注意力、减少分心情况。如果需要记住很多信息，那就鼓励学生使用助记法或离合法（详见第四章），将信息分块，或者将单词或句子与某个概念联系起来，以便加强工作记忆。记忆方式越有创意，学生的注意力就越集中，记得就越牢。例如，有位学生就用"My very educated mother just served us nachos"这个句子记住了太阳系行星的顺序[①]，这样就可以随时调用这些信息，回答有关太阳系的问题。为了增加动觉元素，可以指定 8 名学生分别代表一个行星，然后要求他们按照行星的顺序站在一名代表太阳的学生面前。为了增加触觉元素、把所学的东西整理成体系并加以巩固，可以让学生用黏土、泡沫塑料或碎纸制作 3D 复制品，用来代表不同星球的质量、直径和密度。为了增加视觉元素，增进人际互动，可以让三到四个学生组成一组，每组研究一个行星，然后做一个展示或报告，最终，各个小组将所做的工作组合起来，就形成了一个关于太阳系的班级展示作业。多样化的多模式教学，比如上面提到的科学课的例子，可以帮助那些记忆力和注意力较弱的学生巩固所学概念。

跟踪监测行为表现

经常检查记事本和课桌，保证学习空间和各种文件夹井井有条。鼓励学生使用

---

① 译注："My very educated mother just served us nachos"这句话每个单词的首字母分别是 Mercury（水星）、Venus（金星）、Earth（地球）、Mars（火星）、Jupiter（木星）、Saturn（土星）、Uranus（天王星）、Neptune（海王星）的首字母。

表 5.1　读书报告作业

我的读书报告（小说）

第一部分：书面报告

1. 封面页有：
   □ 我的名字
   □ 书的名字
   □ 作者
   □ 插图作者（如果有的话）
   □ 小说类型：写实类、探险类、奇幻类、历史类、传记类、恐怖类、科幻类……

2. 我在报告里介绍了故事背景：(3～5句话)
   □ 故事发生的时间
   □ 故事发生的地点

3. 我在报告里介绍了主要人物的信息：(3～5句话)
   □ 外貌描写（年龄、长相）
   □ 性格特点，包括下列方面：
   　　□ 举止态度　　□ 行为表现　　□ 具体例子

4. 我在报告里介绍了作者视角的有关信息（选择一个）：
   □ a. 第一人称——书中人物作为讲述人（使用"我、我的、我们、我们的"）
   □ b. 第三人称——以别人的口吻讲述（使用"他、她、他们、他的、她的"）
   □ c. 混合人称（由多个人物/口吻分享不同的视角）

5. 我用8～10句话总结了故事情节，包括以下所有内容：
   □ a. 问题冲突
   □ b. 情节发展
   □ c. 最终结局
   □ d. 我最喜欢的部分

第二部分：项目任务

我从下列任务中选择：(选择一个，标记出来)

根据小说中我最喜欢的场景制作一张图片，配上说明文字	以第一人称或者小说主要人物的视角来创作一首歌曲	展示有关小说人物、背景、情节、发展以及结局的信息	制作（至少六张）幻灯片，介绍小说人物、背景、情节以及结局	为这本书做个广告，给出应该看或不必看这本书的理由	（以我最喜欢的诗人的风格）写一首诗，讲述故事情节

□ 这本书或者这个作业有一部分我不明白，所以我求助了别人。
□ 我一步一步地按照说明来做，所以我取得了优异的成绩。
□ 我每天都看书并且做了笔记。
□ 其他想说的话＿＿＿＿＿＿＿＿＿＿＿＿＿＿＿＿＿＿

表 5.2　小说读书报告

我的读书报告（小说）	A. 封面页	我的名字 书的名字 作者 插图作者（如果有的话） 小说类型：写实类、探险类、奇幻类、历史类、传记类、恐怖类、科幻类……
	B. 故事背景	我在报告里介绍了故事背景：（3～5 句话） 故事发生的时间 故事发生的地点
	C. 小说人物	我在报告里介绍了主要人物的信息：（3～5 句话） 外貌描写（年龄、长相） 性格特点，包括下列方面：举止态度、行为表现、具体例子
	D. 视角	我在报告里介绍了作者视角的有关信息（选择一个）： a. 第一人称（使用"我、我的、我们、我们的"） b. 第三人称（使用"他、她、他们、他的、她的"） c. 混合人称（由多个人物／口吻分享不同的视角）
	E. 总结	我用 8～10 句话总结了故事情节，包括以下所有内容： a. 问题冲突 b. 情节发展 c. 最终结局 d. 我最喜欢的部分

表 5.3　读书报告作业形式

根据小说中我最喜欢的场景制作一张图片，配上说明文字	以第一人称或者小说主要人物的视角来创作一首歌曲	展示有关小说人物、背景、情节、发展以及结局的信息	制作（至少六张）幻灯片，介绍小说人物、背景、情节以及结局	为这本书做个广告，给出应该看或不必看这本书的理由	（以我最喜欢的诗人的风格）写一首诗，讲述故事情节

纸质或电子日历（每日、每周或每月）记录自己完成任务的进度，通过这种方式进行自我监督，提高行为组织方面的执行功能。通过私下提醒解决冲动问题，调动学生的自我调节能力，记录正向行为（比如每天记录专注任务的时间、以恰当的方式参与课堂活动的情况以及在小组作业中与同伴进行有效互动的情况）。表 5.4 就是行为评定表的样例。还有一点需要注意，在教室挂图上用于提醒监督学生行为的语言要简单、直接，同时辅以清晰的口头提醒。

表 5.4　行为评定表

我圆满完成了任务		
根本没有	部分完成	圆满完成
1　2　3	4　5　6　7	8　9　10
我学到了　　　　　　　　　　　　　　　　　　　　　　　　　　。		

*

回顾本章有关执行功能障碍的内容，要保障、维护学生的权益，重点是要做到以下方面：

- 跟学生一起制订计划、规划任务。
- 在时间管理方面，做培训学生的教练员，而不是仅仅负责计时的监督员。
- 通过及时反馈来监督学生的行为组织情况。
- 观察并记录与执行功能有关的行为。
- 帮助学生学习策略并为其提供资源，解释如何应用并督促学生坚持不懈。
- 分享任务完成进度。
- 促进学生反思，提升自主意识。
- 回顾计划。
- 理解执行功能障碍是一种差异，而不是学生故意为之。
- 让学生有机会体验成功。

第六章
言语语言障碍

障碍原因

言语可以表达思想，而思想借由语言才能产生意义。1936 年，阿尔伯特王子[①]即位，史称乔治六世，他自幼就有口吃，很担心会对皇家"声"誉造成不利影响。不过口吃并没有成为他的"标签"，他照常进行电台直播，在公共场合发表演讲（口吃基金会，2016）。他的言语治疗师给出的治疗方案是呼吸训练和难句发音练习。这说明，不论是生理原因还是心理原因，言语障碍背后的病因并不会决定人的最终发展水平。导致言语语言障碍的原因有很多，既有医学原因，也有未知原因［美国言语语言听力协会（American Speech-Language-Hearing Association, ASHA），2016］。有些发音问题源于肌肉和骨骼畸形（比如腭裂、牙齿错位），而发声障碍的病因也有很多，包括但不限于鼻息肉、囊肿、用嗓过度和胃酸过多（美国国家医学图书馆）。儿童言语失用症与胎儿发育障碍有关，也可能由围产期感染或损伤引起。构音障碍表现为咬字不清、表达不畅，说话让人不好理解，可能是因为舌头和肌肉无力，也可能源于脑肿瘤、脑损伤、中风和面瘫等神经系统障碍。此外，智力障碍、听力损失、脑瘫和孤独症等也会表现为言语语言障碍以及严重的语音障碍。有些言语语言障碍是遗传的，具有家族聚集性。

特征表现

言语障碍包括发声问题、构音困难、发音不够清晰、表达不够流畅，难以领会

[①] 译注：阿尔伯特王子全名 Albert Frederick Arthur George，伊丽莎白二世的父亲，末位印度皇帝，首位英联邦元首。

并运用语言进行口头交流。语言障碍是接受性和/或表达性障碍，影响学生的理解能力和表达能力。言语语言障碍则会进一步影响阅读、写作和听力，包括学习正确的字母发音；在言语中使用词汇；写文章；听课并从中提取所需信息；做口头汇报；以小组形式工作或学习；在公交车、食堂或其他场合与同龄人互动。

口头表达能力弱可能会让人难堪或者气馁。学生表达不流畅（口吃），常表现为说话时断时续、反复重复或说话犹豫，或者声音太小或太大，这些都会导致与人沟通困难。重要的是要意识到，有言语障碍的学生虽然在沟通和语言方面有困难，但在学业方面的能力与其他人没有差别。与面对其他障碍学生一样，关键是要发掘这些学生的兴趣和长处，以弥补他们在沟通和语言技能上的短板（详见附录 A）。

教学建议

教师是学生的榜样，教师使用的语言应该有利于沟通。如果学生的个别化教育计划已经明确列出了在言语方面要为其提供的支持服务，那么开展言语教学的地点可能包括各种各样的场所和环境，比如资源教室①、普通班级和在线服务。

言语语言病理学家在学校提供《残疾人教育法》规定的言语语言治疗相关服务，教师应该予以配合。在言语语言病理学家的支持下，个别化教育计划中的言语目标可以泛化到包括教室在内的各种实用自然情境当中。教育工作者需要扮演合作伙伴的角色，帮助学生在不同的课程中磨炼言语技能，达到大纲要求，让他们学会提问、阅读、写作、与同龄人交谈、解码（认读）单词，让他们在安心的环境中目的明确地高效沟通。

融合策略

建立沟通档案

沟通档案用于介绍学生在言语和非言语沟通方面的情况，比如是否明白微笑、点头的含义，与同龄人或老师的互动质量以及日常的课堂安排。从档案中可以还看

---

① 译注：在普通学校或特殊教育学校建立的集课程、教材、专业图书以及学具、教具、康复器材和辅助技术于一体的专用教室，旨在帮助所有学习或行为上有困难的学生。

出学生的接受性和表达性语言技能水平，包括掌握多少单词和手势、是否能够表达自己的想法、发声质量如何、能否恰当沟通以及接收何种指令效果最好。沟通档案也叫沟通词典或沟通备忘，可以记录个案的沟通方式，还可以为其他人应该如何与其进行沟通提供参考（Bruce, 2010；天普大学，2016）。

在学校里，建立档案旨在了解学生与在校人员，包括所有教职员工、专业人员、代课教师、生活老师以及同学的沟通情况。档案中会记录学生的语言和言语模式、言语行为和偏好，还会记录学生习惯使用哪些词汇、在什么情况下容易出现言语行为以及进步情况。档案旨在鼓励学生参与课堂、提高学生的独立性，表扬学生在语言方面取得的进步。档案应概括介绍学生所使用的接受性和表达性沟通形式，比如口头表达方式、手势动作以及语音生成设备（speech generating devices, SGD）。沟通档案旨在描述并记录学生的语言水平及沟通偏好。反过来，工作人员又可以通过适当的干预，增进对学生的了解、认识和认同。某些特定障碍类别的学生需要学习恰当的沟通方式，以便表达各种各样的情绪和需求，比如焦虑、愤怒、饥饿，还有在学业、社交方面以及与他人互动时体验到的成功的喜悦和失败的烦恼。

分析评估、提供支持、跟踪监测

学生的言语语言水平表现各不相同，重要的是要确定学生的水平，然后再选择相应的干预措施。和支持其他障碍学生一样，具体指导要针对这些学生的个体特点和综合情况，不能一概而论。接下来将介绍如何在音韵学、词法、句法、语义学、语用学等领域对学生进行筛查评估，为其提供支持并跟踪监测其表现，具体包括语音规则、单词结构、句子结构、词汇和词义，以及在对话等社交场合中的语言运用等方面。

音韵：语音规则

如果学生在音韵或语音规则的学习上有困难，教师可以使用非正式的拼读评估量表，了解学生的发音模式，使教学更有针对性。例如，要求学生认读字母，认读元音组合、辅音组合以及词首、词中和词尾部分的各种组合（比如词首、词中和词尾部分的语音）。记录学生语音和构音错误的类型，包括朗读课文时漏读音素、少读音节、误读、发音不准以及添加音素的问题。切记，既要使用有实际意义的单词，也要使用虚构出来的单词，以此来练习学生的解码（认读）和编码（拼写）技能，确保他们是在学习破解语音编码的奥秘，而不单单是机械地记忆单词。例如，在教授词中部分短元音的发音时,可以先让学生读一组单词,比如 cat、bed、pig、hot 和 cup;然后再读一组没有实际意义的单词,比如 dat、zed、tig、bot 和 rup。

词法:单词结构

如果学生在词法(单词排列组合、词性和单词结构)的学习方面有困难,教师则需要提高讲话清晰度、放缓语速,并向学生解释单词的构成方式。列一张表,上面写出与课程相关的名词、动词、形容词和副词,重点强调单词之间的异同,还要强调前缀与后缀。表 6.1 就是一个范例,从中可以看出如何以直观的方式帮助学生围绕社会科学的课程内容,比如讲解 government(政府)这一概念的时候,更好地厘清并识别不同的词性。

表 6.1 与 government(政府)这一概念有关的词性

Our Government(我们的政府)			
名词	动词	形容词	副词
government	govern	governmental	governmentally
representative	represent	representable 或 representative	
nation		national	nationally
power	empower	powerful	powerfully
president	preside	presidential	presidentially
democracy		democratic	democratically

句法:句子结构

如果学生在句法或句子结构的学习方面有困难,教师可以要求他们阅读各种诗歌和散文的范文,在阅读过程中,提醒学生注意音调变化、阐释所读内容,并且按照一定的逻辑梳理自己的思考过程。同时,还要把机会留给学生,让他们自己重新排列组合句子中的单词和从句。可以搞得简单点,比如把写有单词的卡片重新排序(以这种方式改变单词在句子中的顺序),从而复习陈述句和疑问句的差异(详见图 6.1)。讲授音调变化、标点符号和大小写知识的时候就可以用这种练习做课程导入。

标*书籍均有电子书（2025.1）

书号	书名	作者	定价
	**教养宝典**	
*0829	早期干预丹佛模式辅导与培训家长用书	[美]Sally J. Rogers 等	98.00
*8607	孤独症儿童早期干预丹佛模式（ESDM）	[美]Sally J.Rogers 等	78.00
*0461	孤独症儿童早期干预准备行为训练指导	朱璟、邓晓蕾等	49.00
*0748	孤独症儿童早期干预：从沟通开始	[英]Phil Christie 等	49.00
*0119	孤独症育儿百科：1001个教学养育妙招（第2版）	[美]Ellen Notbohm	88.00
*0511	孤独症谱系障碍儿童关键反应训练掌中宝	[美]Robert Koegel 等	49.00
9852	孤独症儿童行为管理策略及行为治疗课程	[美]Ron Leaf 等	68.00
*9496	地板时光：如何帮助孤独症及相关障碍儿童沟通与思考	[美]Stanley I. Greenspe 等	68.00
*9348	特殊需要儿童的地板时光：如何促进儿童的智力和情绪发展		69.00
*9964	语言行为方法：如何教育孤独症及相关障碍儿童	[美]Mary Barbera 等	49.00
*0419	逆风起航：新手家长养育指南	[美]Mary Barbera	78.00
9678	解决问题行为的视觉策略	[美]Linda A. Hodgdon	68.00
9681	促进沟通技能的视觉策略		59.00
9991	做看听说（第2版）：孤独症谱系障碍人士社交和沟通能力	[美]Kathleen Ann Quill 等	98.00
*9489	孤独症儿童的行为教学	刘昊	49.00
*8958	孤独症儿童游戏与想象力（第2版）	[美]Pamela Wolfberg	59.00
*0293	孤独症儿童同伴游戏干预指南：以整合性游戏团体模式促进		88.00
9324	功能性行为评估及干预实用手册（第3版）	[美]Robert E. O'Neill 等	49.00
*0170	孤独症谱系障碍儿童视频示范实用指南	[美]Sarah Murray 等	49.00
*0177	孤独症谱系障碍儿童焦虑管理实用指南	[美]Christopher Lynch	49.00
8936	发育障碍儿童诊断与训练指导	[日]柚木馥、白崎研司	28.00
*0005	结构化教学的应用	于丹	69.00
*0149	孤独症儿童关键反应教学法（CPRT）	[美]Aubyn C. Stahmer 等	59.80
	**生活技能**	
*0673	学会自理：教会特殊需要儿童日常生活技能（第4版）	[美] Bruce L. Baker 等	88.00
*0130	孤独症和相关障碍儿童如厕训练指南（第2版）	[美]Maria Wheeler	49.00
*9463/66	发展性障碍儿童性教育教案集/配套练习册	[美] Glenn S. Quint 等	71.00
*9464/65	身体功能障碍儿童性教育教案集/配套练习册		103.00
*0512	孤独症谱系障碍儿童睡眠问题实用指南	[美]Terry Katz 等	59.00
*05476	特殊儿童安全技能发展指南	[美]Freda Briggs	59.00
*8743	智能障碍儿童性教育指南		68.00
*0206	迎我的青春期：发育障碍男孩成长手册	[美]Terri Couwenhoven	29.00
*0205	迎我的青春期：发育障碍女孩成长手册		29.00
*0363	孤独症谱系障碍儿童独立自主行为养成手册（第2版）	[美]Lynn E.McClannahan 等	49.00

书号	书名	作者	定价
	转衔|职场		
*0462	孤独症谱系障碍者未来安置探寻	肖扬	69.00
*0296	长大成人：孤独症谱系人士转衔指南	[加]Katharina Manassis	59.00
*0528	走进职场：阿斯伯格综合征人士求职和就业指南	[美]Gail Hawkins	69.00
*0299	职场潜规则：孤独症及相关障碍人士职场社交指南	[美]Brenda Smith Myles 等	49.00
*0301	我也可以工作！青少年自信沟通手册	[美]Kirt Manecke	39.00
*0380	了解你，理解我：阿斯伯格青少年和成人社会生活实用指南	[美]Nancy J. Patrick	59.00
	与星同行		
*0818	看见她们：ADHD 女性的困境	[瑞典]Lotta Borg Skoglund	49.00
0732	来我的世界转一转：漫话 ASD、ADHD	[日]岩濑利郎	59.00
*0428	我很特别，这其实很酷！	[英]Luke Jackson	39.00
*0302	孤独的高跟鞋：PUA、厌食症、孤独症和我	[美]Jennifer O'Toole	49.90
*0408	我心看世界（第 5 版）		59.00
*7741	用图像思考：与孤独症共生	[美]Temple Grandin 等	39.00
*9800	社交潜规则（第 2 版）：以孤独症视角解读社交奥秘		68.00
0722	孤独症大脑：对孤独症谱系的思考		49.90
*0109	红皮小怪：教会孩子管理愤怒情绪		36.00
*0108	恐慌巨龙：教会孩子管理焦虑情绪	[英]K.I.Al-Ghani 等	42.00
*0110	失望魔龙：教会孩子管理失望情绪		48.00
*9481	喵星人都有阿斯伯格综合征		38.00
*9478	汪星人都有多动症	[澳]Kathy Hoopmann	38.00
*9479	喳星人都有焦虑症		38.00
9002	我的孤独症朋友	[美]Beverly Bishop 等	30.00
*9000	多多的鲸鱼	[美]Paula Kluth 等	30.00
*9001	不一样也没关系	[美]Clay Morton 等	30.00
*9003	本色王子	[德]Silke Schnee 等	32.00
9004	看！我的条纹：爱上全部的自己	[美]Shaina Rudolph 等	36.00
*0692	男孩肖恩：走出孤独症	[美]Judy Barron 等	59.00
8297	虚构的孤独者：孤独症其人其事	[美]Douglas Biklen	49.00
9227	让我听见你的声音：一个家庭战胜孤独症的故事	[美]Catherine Maurice	39.00
8762	养育星儿四十年	[美]蔡张美铃、蔡逸周	36.00
*8512	蜗牛不放弃：中国孤独症群落生活故事	张雁	28.00
0697	与自闭症儿子同行 1：原汁原味的育儿	[日]明石洋子	49.00
0845	与自闭症儿子同行 2：通往自立之路	[日]明石洋子	49.00
7218	与自闭症儿子同行 3：为了工作，加油！	[日]明石洋子	49.00

书号	书名	作者	定价
	孤独症入门		
*0137	孤独症谱系障碍：家长及专业人员指南	[英]Lorna Wing	59.00
*9879	阿斯伯格综合征完全指南	[英]Tony Attwood	78.00
*9081	孤独症和相关沟通障碍儿童治疗与教育	[美]Gary B. Mesibov	49.00
0831	问题行为应对实战图解	[日]井泽信三	39.00
0713	融合幼儿园教师实战图解	[日]永富大铺 等	49.00
*0157	影子老师实战指南	[日]吉野智富美	49.00
*0014	早期密集训练实战图解	[日]藤坂龙司 等	49.00
*0116	成人安置机构 ABA 实战指南	[日]村本净司	49.00
*0510	家庭干预实战指南	[日]上村裕章 等	49.00
*0107	孤独症孩子希望你知道的十件事（第 3 版）	[美]Ellen Notbohm	49.00
*9202	应用行为分析入门手册（第 2 版）	[美]Albert J. Kearney	39.00
*0356	应用行为分析和儿童行为管理（第 2 版）	郭延庆	88.00
	新书预告		
出版时间	书名	作者	估价
2025.02	做不吼不叫的父母：儿童教养的 105 个秘诀	林煜涵	49.00
2025.03	面具下的她们：ASD 女性的自白	[英] Sarah Hendrickx 等	49.90
2025.03	特殊需要学生的融合教育支持	[美] Toby Karten	49.00
2025.03	沟通障碍导论（第 7 版）	[美]Robert E. Owens 等	198.0
2025.03	学习困难学生基础认知能力提升研究与实践	刘朦朦	59.00
2025.04	融合班级中的孤独症学生	[美]Barbara Boroson	59.00
2025.03	与 ADHD 共处	[日]司马理英子	59.00
2025.04	与 ADHD 共处（成人篇）	[日]司马理英子	59.00
2025.06	与 ADHD 共处（女性篇）	[日]司马理英子	59.00
2025.05	积极行为支持教养手册：解决孩子的挑战性行为（第 2 版）	[美]Meme Hieneman 等	78.00
2025.06	融合环境中的教师协作	[美]Heather Friziellie 等	49.00
2025.06	融合教育理念与实践	[美]Lee Ann Jung）等	49.00
2025.06	学习困难学生教育指导 100 问	赵微	59.00
2025.06	儿童行为管理中的罚时出局	[德]Corey C. Lieneman	39.00
2025.08	重掌失控人生:注意缺陷多动障碍成人自救手册	[美]Russell A. Barkley	88.00
2025.12	融合学校干预反应模式实践手册	[美]Austin Buffum	78.00
2025.12	家有挑食宝贝：行为分析帮助家长解决挑食难题	[美]Keith E. Williams	59.00

书号	书名	作者	定价
	经典教材|学术专著		
*0488	应用行为分析（第3版）	[美]John O. Cooper 等	498.00
*0470	特殊教育和融合教育中的评估（第13版）	[美]John Salvia 等	168.00
*0464	多重障碍学生教育：理论与方法	盛永进	69.00
9707	行为原理（第7版）	[美]Richard W. Malott 等	168.00
*0449	课程本位测量实践指南（第2版）	[美]Michelle K. Hosp 等	88.00
*9715	中国特殊教育发展报告（2014-2016）	杨希洁、冯雅静、彭霞光	59.00
*8202	特殊教育辞典（第3版）	朴永馨	59.00
0802	特殊教育和行为科学中的单一被试设计（第3版）	[美]David Gast	168.00
0490	教育和社区环境中的单一被试设计	[美]Robert E.O'Neill 等	68.00
0127	教育研究中的单一被试设计	[美]Craig Kenndy	88.00
*8736	扩大和替代沟通（第4版）	[美]David R. Beukelman 等	168.00
0643	行为分析师执业伦理与规范（第4版）	[美]Jon S. Bailey 等	98.00
0770	优秀行为分析师必备25项技能（第2版）	[美]Jon S.Bailey 等	78.00
*8745	特殊儿童心理评估（第2版）	韦小满、蔡雅娟	58.00
0433	培智学校康复训练评估与教学	孙颖、陆莎、王善峰	88.00
	社交技能		
0758	孤独症儿童社交、语言和行为早期干预家庭游戏PLAY模式	[美]Richard Solomon	128.00
0703	直击孤独症儿童的核心挑战：JASPER模式	[美]Connie Kasari 等	98.00
*0468	孤独症人士社交技能评估与训练课程	[美]Mitchell Taubman 等	68.00
*0575	情绪四色区：18节自我调节和情绪控制能力培养课	[美]Leah M.Kuypers	88.00
*0463	孤独症及相关障碍儿童社会情绪课程	钟卜金、王德玉、黄丹	78.00
*9500	社交故事新编（十五周年增订纪念版）	[美]Carol Gray	59.00
*0151	相处的密码：写给孤独症孩子的家长、老师和医生的社交故事		28.00
*9941	社交行为和自我管理：给青少年和成人的5级量表	[美]Kari Dunn Buron 等	36.00
*9943	不要！不要！不要超过5！：青少年社交行为指南		28.00
*9942	神奇的5级量表：提高孩子的社交情绪能力（第2版）		48.00
*9944	焦虑，变小！变小！（第2版）		36.00
*9537	用火车学对话：提高对话技能的视觉策略	[美] Joel Shaul	36.00
*9538	用颜色学沟通：找到共同话题的视觉策略		42.00
*9539	用电脑学社交：提高社交技能的视觉策略		39.00
*0176	图说社交技能（儿童版）	[美]Jed E.Baker	88.00
*0175	图说社交技能（青少年及成人版）		88.00
*0204	社交技能培训手册：70节沟通和情绪管理训练课		68.00
*0150	看图学社交：帮助有社交问题的儿童掌握社交技能	徐磊 等	88.00

华夏特教系列丛书

书号	书名	作者	定价
	**融合教育**		
*0561	孤独症学生融合学校环境创设与教学规划	[美]Ron Leaf 等	68.00
0771	融合教育学校校长手册	[美]Julie Causton 等	59.00
0652	融合教育教师手册		69.00
0709	融合教育助理教师手册（第2版）		69.00
*9228	融合学校问题行为解决手册	[美]Beth Aune	30.00
*9318	融合教室问题行为解决手册		36.00
*9319	日常生活问题行为解决手册		39.00
0686	孤独症儿童融合教育生态支持的本土化实践创新	王红霞	98.00
*9210	资源教室建设方案与课程指导		59.00
*9211	教学相长：特殊教育需要学生与教师的故事		39.00
*9212	巡回指导的理论与实践		49.00
9201	你会爱上这个孩子的!：在融合环境中教育孤独症学生（第2版）	[美]Paula Kluth	98.00
*0013	融合教育学校教学与管理	彭霞光、杨希洁、冯雅静	49.00
0542	融合教育中自闭症学生常见问题与对策	上海市"基础教育阶段自闭症学生支持服务体系建设"项目组	49.00
9329	融合教育教材教法	吴淑美	59.00
9330	融合教育理论与实践		69.00
9497	孤独症谱系障碍学生课程融合（第2版）	[美]Gary Mesibov	59.00
8338	靠近另类学生：关系驱动型课堂实践	[美]Michael Marlow 等	36.00
*7809	特殊儿童随班就读师资培训用书	华国栋	49.00
*0348	学校影子老师简明手册	[新加坡]廖越明 等	39.00
*8548	融合教育背景下特殊教育教师专业化培养	孙颖	88.00
*0078	遇见特殊需要学生：每位教师都应该知道的事		49.00

关注华夏特教，获取新书资讯！

华夏特教线上知识平台：

华夏特教公众号

华夏特教小红书

华夏特教视频号

微信公众平台：**HX_SEED**（华夏特教）
微店客服：**13121907126**
天猫官网：**hxcbs.tmall.com**
意见、投稿：**hx_seed@hxph.com.cn**
联系地址：北京市东直门外香河园北里 4 号（**100028**）

| It | is | time | to | work |

| Is | it | time | to | work? |

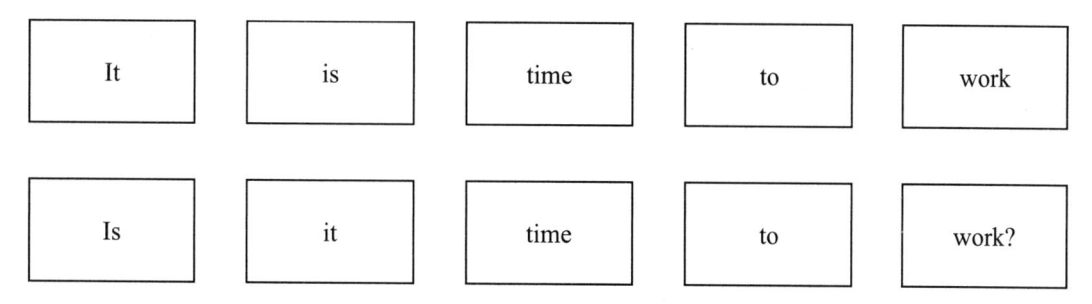

图 6.1　练习句法的单词卡 [1]

选择一些与学生本人和所学科目有关的句子结构和介词短语，通过书面和口头的干预，进行强化练习。例如，如果在日常口语（daily oral language, DOL）中练习使用介词，可以考虑使用与学科内容相关的句子，如下所示。

- 社会科学课：The colonists were successful *despite* the adversities they faced *with* inclement weather.[2]
- 数学课：The numerator is placed *over* a denominator.
- 科学课：The flower grew *since* the soil was fertilized.

语义：单词意思

语义教学可以利用所有学科和各种文本中的词汇。如果学生在语义——词义或词汇——的学习方面有困难，教师可以给出单词的分类标准，指导学生对单词分类，同时加入同义词（意义相同的单词）、反义词（意义相反的单词）和词源方面的教学内容。小学阶段，可以考虑使用钱币、季节、生物、星球、测量或数学运算范畴的相关词汇进行练习。中学阶段，可以选择古代文明、器官类型或参考工具等方面的词汇，将这些单词按照定义和相互关系进行分类。例如，中子、质子和电子都是亚原子，但它们的电荷数不同。

要求学生用自己的话复述口头作业，或在书面作业中标出关键词，通过反复练习，帮助他们灵活运用词汇。碰到同义词辨析的任务时，让学生自己去研究为什么两个词都能表达同一个意思，但其中一个比另一个更为准确——可能因为其词义更

---

[1] 译注：这个例子是说明英语语序对语义的影响，因此保留英文。
[2] 译注：这个例子是练习使用介词，如果翻译成汉语，就没有介词或者不是介词了，因此保留英文。

明确或更符合语境。"杰克和吉尔"（"Jack and Jill"）句式就是一个简单的典型句式，能帮助低年级学生探索词汇的奥秘：

> Jack and Jill *went* up the hill.（杰克和吉尔上了山。）
> Jack and Jill *galloped* up the hill.（杰克和吉尔**跑**上了山。）
> Jack and Jill *raced* up the hill.（杰克和吉尔**奔**上了山。）
> Jack and Jill *charged* up the hill.（杰克和吉尔**冲**上了山。）
> Jack and Jill *dashed* up the hill.（杰克和吉尔**飞**上了山。）
> Jack and Jill *hurdled* up the hill.（杰克和吉尔**翻**过了山。）

不管什么科目，只要是对学生有课堂写作的要求——无论是介绍美国历史上的殖民活动，还是解释细胞减数分裂的过程——都可以进一步扩展词汇。WordHippo（www.wordhippo.com）是一个在线工具，可以用来学习语义，包括同义词、反义词和押韵词。

语用：在社交场合如何使用语言

如果学生在语用方面——在对话和社交互动中使用口头语言、面部表情、手势动作——有困难，教师则需要帮助学生学习如何认真倾听、轮流说话，如何保持眼神交流、利用肢体语言，还需要告诉学生在不同的场合应该做出什么表情、使用什么语气、与对方距离多远，除了在课堂上教，还需要悄悄提醒。想要了解更多信息，请点击下列网址：

- **ASHA**: www.asha.org/public/speech/development/ PragmaticLanguageTips
- **Do2Learn**: http://do2learn.com/disabilities/CharacteristicsAndStrategies/SpeechLanguageImpairment_Characteristics.html
- **Understood.org**: www.understood.org/en/learning-attention-issues/ getting-started/what-you-need-to-know/the-difference-between-speech-language-disorders-and-attention-issues
- **Super Duper**: www.superduperinc.com/Handouts/Handout.aspx

充分利用课堂教学活动，提高学生对日常功能性沟通的理解。鼓励学生常说"请"和"谢谢"；参演小品和戏剧（点击 www.dramanotebook.com/plays-for-kids 了解更多信息）；做天气预报；分享电影、书评或潮流资讯；点评学校、社区时事或全球大事。如果学生的语言能力较弱，可能需要使用社交脚本①，并且反复练习，还需要学校工作人员和同伴提供额外支持。

使用视觉工具辅助书面和口头交流

将课程图片和教室用具与语言和非语言结合使用。给书面文字配上图片、视频等视觉工具，或者使用可视化工具来组织和整理文字信息，不管学生有何种障碍、语言水平如何，都会喜欢上述做法。这些视觉工具可以使文本更加生动，把学生不熟悉的词汇解释清楚。例如，学习单词 column（专栏、柱子）时，通过图 6.2 的视觉形式就可以更好地介绍它的不同意思。

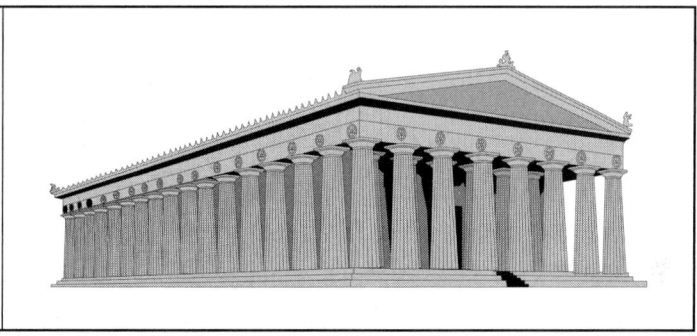

图 6.2　通过视觉形式解释单词 column（专栏、柱子）的不同意思

此外，讲解生词、帮助学生理解课程内容的时候，有些用于梳理内容的工具也非常有效。图 6.3 和 6.4 给出了两个例子，分别用于讲解人体循环系统和北美大陆早期欧洲殖民地知识时涉及的术语。

想要了解可供不同课程使用的视觉工具或用于组织和整理信息的可视化工具等资源，可以访问以下网站：

- **Dipity**: www.dipity.com

---

① 译注：社交脚本以书面提示或指南的形式，帮助孩子预演某种社交场合中的理想行为，以便提高孩子的社交能力。

- **Freeology**: http://freeology.com/graphicorgs
- **Illustrated Mathematics Dictionary**: www.mathsisfun.com/definitions
- **Inspiration**: www.inspiration.com
- **Merriam-Webster**: www.visualdictionaryonline.com
- **Outline Maps**: www.eduplace.com/ss/maps
- **Pics4Learning**: www.pics4learning.com
- **Read-Write-Think**: www.readwritethink.org/classroom-resources/ student-interactives/timeline-30007.html
- **SunCastle Technology**: www.suncastletech.com
- **Visual Science**: http://visual-science.com

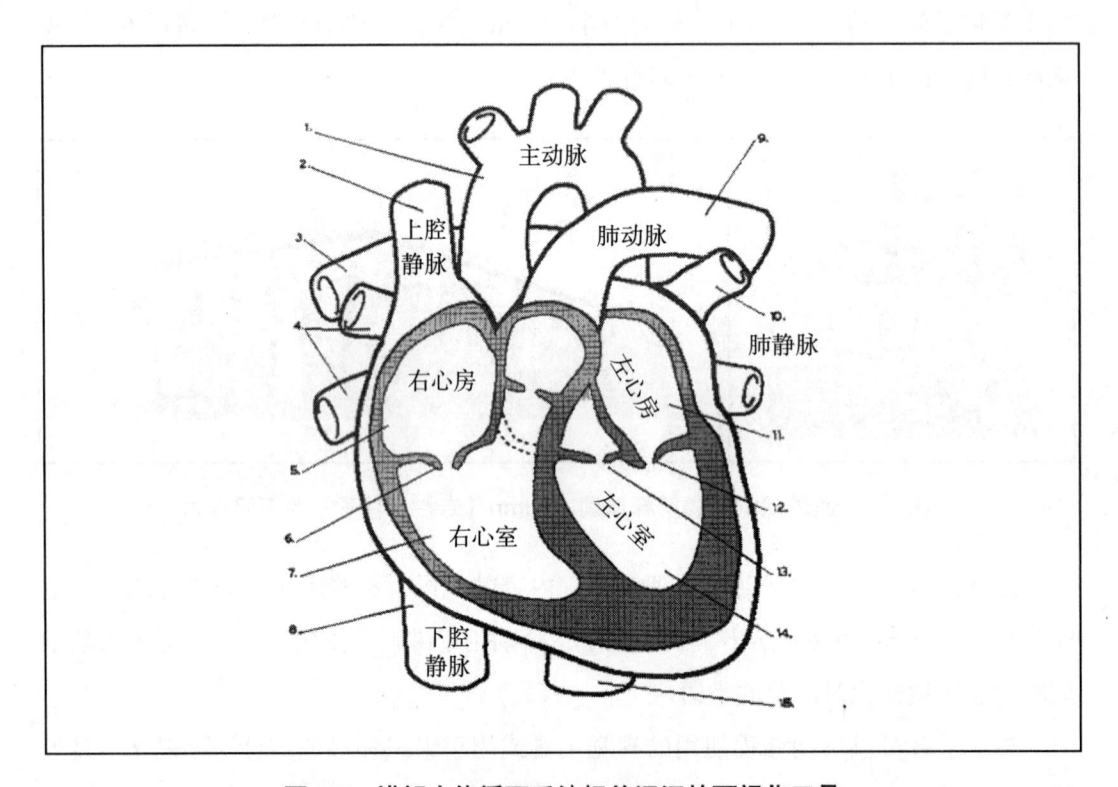

图 6.3 讲解人体循环系统相关词汇的可视化工具

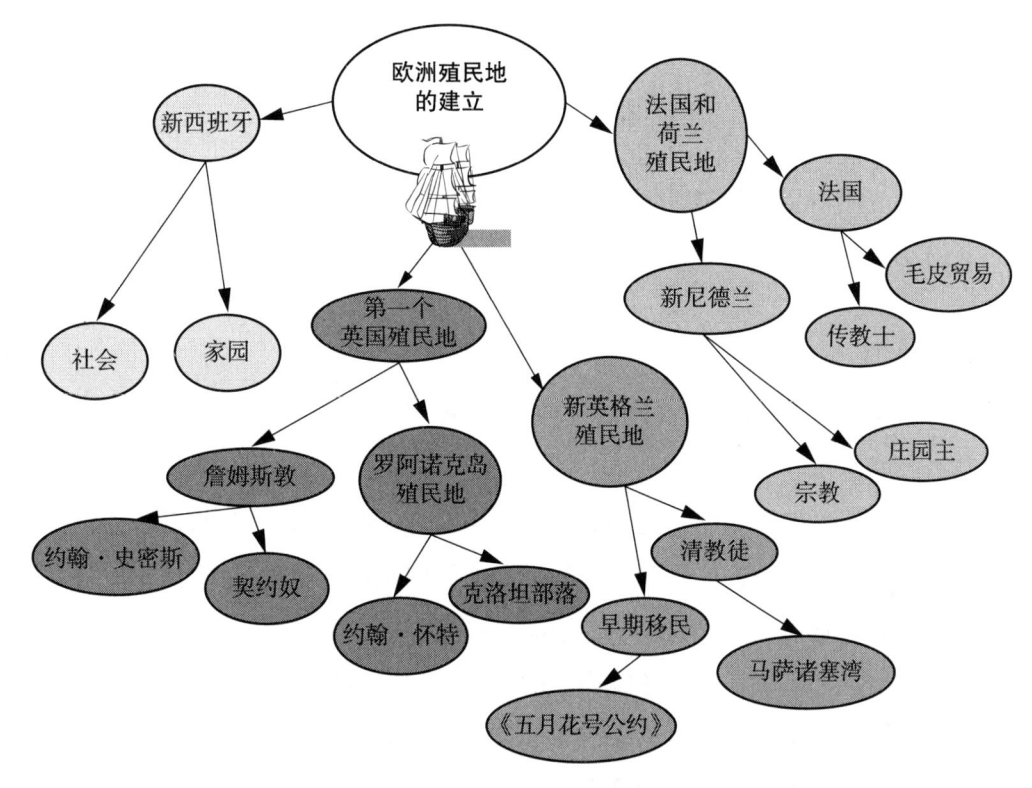

图6.4 讲解北美大陆早期欧洲殖民地相关词汇的可视化工具

尝试多种辅助手段

手势动作、肢体语言和视觉辅助都可以增强言语的表达效果。教师应了解如何根据需要选择、应用并使用合适的辅助技术，比如扩大和替代沟通（augmentative or alternative forms of communication, AAC）策略，为有严重言语语言障碍的学生提供支持。使用扩大和替代沟通策略包括但不限于使用手势、生成语音或在沟通板上使用符号交流。除此之外，还包括使用低科技和高科技设备，低科技的工具有个性化对话脚本等，高科技的工具有通过编程生成言语和对话的设备等。无法使用言语或言语极度受限的情况下，学生通常会使用扩大和替代沟通策略。

有些学生需要教师亲自示范或收听录制的音频，以模仿正确、流畅且自然的语言表达。教师需要跟踪学生的表现，还要提醒学生在课堂讨论中多注意自己的发言。例如，在课堂讨论或小组合作中，可以让学生自己记录其沟通表现良好的次数，也可以让其回看/回听自己讲话时的视频/数字音频，还可以让其在镜子前观察自己发音时的口型。

电子设备或技术可以合成、识别、纠正、生成言语，在课程当中的应用方式也多种多样——学生虽然能够从中受益，但重要的是记住，要根据学生的个性化需求，选择相应的设备。请牢记，电子设备或技术只是一种工具，使用的时候必须加以监督，确保其使用不会取代学生创造性的活动，也不会取代学生与同学或成年人之间有意义的互动（Jackson, 2015）。

齐心协力

如前所述，重要的是与学校的言语语言病理学家合作，这样才能跟踪学生在课堂参与方面的进步、了解干预措施的落实情况。通常情况下，言语语言病理学家是在教室里、上课过程中为学生提供服务与指导的。但是，需要接受言语语言病理学家辅导的学生不应该受到区别对待。相反，他们应该得到辅助与支持，并尽可能跟同学一起参与课堂活动。研究表明，给需要接受言语或语言服务的学生讲解课程词汇时，比起没有言语语言病理学家协助的大班教学或传统的单独教学，合作教学模式的效果更好（Throneburg, Calvert, Sturm, Paramboukas, & Paul, 2000）。普通教室是提供言语服务的理想场所，因为这里有自然的融合环境，可以为学生学习词汇提供教学情境，还有与同龄人在一起的成长环境。不论是与学业相关的语言，还是与社交相关的语言，只要学生多方面加以应用，其语言运用技能就会逐渐泛化，并且得到锻炼与加强。在普通班级里，言语语言病理学家有机会亲眼看到、亲耳听到学生实际使用语言的情况，可以使干预更有针对性。

合作，当然还要包括学生的家庭成员，教师需要让他们了解学生的言语语言水平和进步情况，与他们商讨相应的干预策略和未来的计划安排。课堂教学助理、专业人员、协作教学的教师也需要了解每一位学生的言语语言档案。要明确划分责任，平等对待学生，根据学生的学业水平制订干预计划并保证落实到位。

*

总而言之，回顾本章有关言语语言障碍的内容，言语教学应重视下列要素：

- 为学生建立个性化的沟通档案
- 评估学生在以下各个方面的水平：
  社交

　　　　学业

　　　　沟通

　　　　身体

- 在以下方面提供适当的支持：

　　　　接受性语言

　　　　表达性语言

　　　　音韵

　　　　词法

　　　　句法

　　　　语义

　　　　语用

- 持续跟踪监测
- 辅以可视化工具
- 功能性沟通训练
- 选用合适的电子设备或技术
- 齐心协力

第七章
听觉处理障碍

障碍原因

听觉处理障碍（auditory processing disorder, APD）又称中枢听觉处理障碍（central auditory processing disorder, CAPD），对于其病因，也是众说纷纭。通常来说，听觉处理障碍人士的听力没有受损，只是难以处理和解读听觉输入信息。争议主要在于病因究竟是执行功能缺陷还是大脑胼胝体受损（DeBonis, 2015; Hugdahl, 2003; Jerger, 2007）。听觉处理障碍可能是因为负责处理语言的左脑和负责在左右脑之间传递信息的胼胝体发育不全。胼胝体受损的幼童有时会表现出右耳优势[①]（Jerger, 2007）。此外，听觉处理障碍还与中耳反复感染、头部损伤或创伤有关（听觉处理障碍基金会，2012）。

听觉信息的处理过程非常复杂，同时涉及听觉机制、认知机制和语言机制（Medwetsky, 2011）。虽然听觉处理障碍主要属于听觉障碍，但也和工作记忆较弱有关。语言理解和元语言意识存在问题并伴有听力缺陷可能由多种因素引起，并不一定代表有听觉处理障碍，如不注意区分往往会导致误诊（DeBonis, 2015; Medwetsky, 2011; Ronnberg & Lunner, 2011）。

特征表现

美国听觉处理联盟（Lucker, 2016）表示，听觉处理障碍的症状在学龄前阶段即可能出现，并持续整个青春期。有听觉处理障碍的学生在嘈杂环境中往往难以理解

[①] 译注：右耳优势（right ear advantage, REA），指的是两个不同的听觉信息同时输入左右耳时，大多数人会收到右耳信息，忽略左耳信息。

言语。这种障碍会影响他们接收指令、辨别音频，还会让他们很难记住所说内容的正确顺序、在各种声音当中提取并解读所需信息（美国言语语言听力协会，2005）。他们的工作记忆——负责储存、加工、处理并应用信息——也比较弱。

对于有听觉处理障碍的学生来说，问题不在于理解所说内容的含义，而在于能否准确接收听觉信息。例如，教师发出的口头指令是"把书翻到第 59 页，给你们十分钟，把这个练习做完"，而有听觉处理障碍的学生可能会听成"把书翻到第 59 页，给你们十分钟"。虽然这个信息与原始信息比较接近，但这种细微的差别也会对学生的理解和课堂表现产生不利影响。

教学建议

听觉处理障碍会对学生的诸多能力产生不利影响，尤其是在有背景音干扰的情况下，这些能力包括阅读时记忆文本细节的能力、遵守课堂规则的能力、运用游戏或体育规则的能力、回忆数学事实的能力、考试时调用所学知识的能力，以及执行诸如"记得吃午饭"等功能性任务的能力。有听觉处理障碍的学生可能很难跟上课堂节奏，也很难与他人展开对话。

如果用口头的方式传达书面内容，而书面内容中又有学生不熟悉的词汇，或者缺少手势动作和面部表情等非语言提示的辅助，学生就更难处理这些听觉信息了。有些学生难以处理他人发出的语言信息，同时还共病特定学习障碍。听觉处理障碍会影响学生的相关读写技能（如切分音素），还会影响学生学习另一种语言。随着课程难度升级，需要将所学概念融会贯通或者将不同课程涉及的内容联系起来的时候，学生就会出现困难。学生还很难记住科学实验的流程或多步骤的指令，比如数学课上，他们很难做到听完老师教学马上就运用相关运算知识解题。但是，与所有有障碍的学生一样，他们在其他方面（比如视觉、动觉等）可能也有所长。

融合策略

优化所处环境，充分使用工具

考虑利用低科技和高科技工具改变环境因素。可以给椅子腿套上网球[1]或者贴上魔术贴[2]，降低环境噪声，还可以让学生使用耳机收听口头指令的数字音频。考虑利用扬声系统，允许学生利用数字化设备记录课堂指令，这样他们就能回放录音，按照自己的节奏反复收听。尽可能地消除不必要的噪声，门窗敞开的时候，不要让学生坐在附近。

耐心对待学生，肯定学生的进步

对待有听觉处理障碍的学生需要有耐心，学生在处理押韵词或学习新词汇碰到困难、误解或曲解句义、难以接收口头指令、在对话中找不到合适的词汇来表达的时候，耐心尤为重要。耐心对待每一位学生、肯定他们取得的成果，这样才能帮助学生"补短"。有耐心，指的是成年人或同学要与学生面对面交流，保持眼神接触。必要时可以重复，并请学生复述所说内容。要明确一点，听觉处理障碍不是假装出来的，也不是注意力不集中的表现。

多种模式教学，丰富学习体验

想办法在听觉教学中融入其他视觉元素和体验活动。如果学生的听觉处理能力较弱，可以选择学生更擅长也更喜欢的形式（如动觉、视觉）。例如，通过讲解或其他方式，确保学生理解书中自带的插图。如果课本中没有视觉内容，可以自己准备插图，也可以选择适配的图片、插画、地图或者其他可视化工具。

这种策略适用于各个年级水平的学生以及几乎所有类型的文本。例如，小学高年级或中学课堂上，学生在阅读杰克·伦敦（Jack London）[3]的《野性的呼唤》（The Call of the Wild）时，教师就可以展示育空地区[4]的地图；学生在阅读克里斯

---

[1] 译注：在网球上剪一个孔，然后将其套到椅子腿上。
[2] 译注：桌椅脚垫。
[3] 译注：美国20世纪著名现实主义作家。
[4] 译注：加拿大十省三地区之一，位于加拿大的西北方。

托弗·保罗·柯蒂斯（Christopher Paul Curtis）[①]的《巴德，不是巴迪》(Bud, Not Buddy)时，教师可以分享一些大萧条时期的照片。学习诗歌单元时，教师可以让学生使用图解词典或押韵词典。观看可汗学院（Khan Academy）或 BrainPop 网站的课程视频时，把字幕调出来。[②]为了提高多模式教学形式的效果，还可以重播部分课程或暂停视频，检查学生是否理解其中的内容。

不要只是让学生大声朗读课文，应该把文本内容真正地演出来。例如，为小学生讲解《帽子里的猫》(The Cat in the Hat)或者为中学生讲解《哈姆雷特》(Hamlet)时，可以利用小品或短剧，通过表演增进学生的理解。无论是介绍西班牙征服阿兹特克帝国的历史，还是解释牛顿运动定律，都要考虑如何将抽象的概念演出来。

下述课程示例以莎士比亚（Shakespeare）的《第十二夜》(Twelfth Night)为讲解主题，解释了应该如何为有听觉处理障碍的学生提供支持，以增强其语言运用技能，并提高其专注力和记忆力。

1. 在提示卡上列出每一幕（共五幕）的主要情节，以备学生参考，方便他们回顾剧中的人物角色和事件顺序。
2. 利用 Quizlet[③]，开通文本转语音功能，让学生通过闪卡、游戏和线上测验来复习相关词汇和人物角色。
3. 以新颖的方式呈现信息，比如在 BBC 网站上制作小报。（www.bbc.co.uk/drama/shakespeare/60secondshakespeare/ themes_twelfthnight.shtml）
4. 让学生用手绘图片或人物对话描写创建故事脚本。可以访问美国英语教师委员会运营的"Read, Write, Think"网站，创建数字化脚本。（www.readwritethink.org/classroom-resources/student-interactives/comic-creator-30021.html）

[①] 译注：美国青年文学作家，获得 2000 年纽伯瑞奖。
[②] 译注：可汗学院（Khan Academy），是由孟加拉裔美国人、麻省理工学院及哈佛大学商学院毕业生萨尔曼·可汗在 2006 年创立的一所非营利教育机构，主要利用网络提供免费课程资源；BrainPop 是儿童教育网站，提供从小学到高中的学科系统课程。
[③] 译注：前文有介绍，在线网站，支持用户制作电子或者纸质闪卡，可以收听单词发音，还可以预览词义。

回顾本章有关听觉处理障碍的内容，要保障、维护学生的权益，重点是要经常做到以下方面：

- 优化所处环境，充分使用工具。
- 有耐心，善肯定。
- 丰富学生的学习体验。
- 为学生提供支持和辅助，检验学生是否理解所学内容。
- 协调各方，与言语语言病理学家、听觉问题矫治专家以及其他提供服务的专业人员合作，他们有丰富的诊断和治疗经验，可以提供咨询和策略。
- 考虑共病问题，针对同时患有听觉处理障碍、注意力缺陷多动障碍或其他特定学习障碍的学生，应尊重并满足其复杂需求。
- 调动学生的兴趣，利用多样化的课堂展示活动，想方设法弥补学生的听觉"短板"。

第八章
孤独症谱系障碍

障碍原因

有孤独症谱系障碍（autism spectrum disorder, ASD）的学生，其大脑各部分在协同工作方面存在异常，这种情况可能源于多种因素。从病因上看，可能与遗传、基因和神经系统障碍有关，因为脑部扫描显示存在异常（孤独症协会，2016）。孤独症相关研究曾认为孤独症谱系障碍与家族基因有关（Meade-Kelly, 2013），不过，目前也有研究在关注医学与环境因素（DeWeerdt, 2015; Mayo Clinic Staff, 2014）。此外，还有观点认为孤独症与疫苗有关，但研究发现两者之间没有联系（美国疾病控制与预防中心，2015；医学研究所，2004）。如果不给儿童接种疫苗，可能会导致其罹患其他疾病，随着病毒和细菌的传播，将会造成严重危害（公共卫生，2016）。

特征表现

美国精神医学学会（2013）发布的《精神障碍诊断与统计手册》（第五版）将孤独症谱系障碍列为一个大类，这个大类的共同特征为以下两点：

- 影响沟通与社交技能
- 出现重复和刻板行为

孤独症谱系障碍的严重程度不等，于幼儿期发病，会影响个人功能水平。孤独症谱系障碍往往还伴发智力障碍。但是，全面发育迟缓（global development delay, GDD）和智力障碍都不足以解释孤独症的特征表现——社交沟通互动能力较弱。孤独症谱系障碍学生的智力水平不等，可能高于平均水平，也可能低于平均水平，但在适应性行为方面往往表现不佳（Charman et al., 2011）。

孤独症谱系障碍学生的社交沟通能力较弱，在各种不同的情境中均是如此，主要表现为社交互动能力受损、难以适应不同环境、很难跟随指令、无法完成日常事务等。在社会性和情感方面的障碍主要表现为进行想象游戏[①]的能力不足、对同龄人不感兴趣等。刻板行为（即重复性和仪式化行为）表现明显，比如给玩具排队、重复言语（仿说）、喜欢看旋转物体或喜欢转圈、喜欢一成不变等。

与同龄人相比，孤独症学生的注意力分配方式、对话方式以及对外界信息刺激的反应方式都有些特别。语用（这里指的是对话双方的语言沟通）和社交沟通都会受到影响。孤独症学生在沟通时，通常只关注自己感兴趣的话题，言语行为好似照本宣科，经常重复自己喜欢的词句（如电影对白、电视广告等）。他们常常注意不到所处的环境中有哪些相关线索，很难提取有用的信息，也很难理解面部表情、身体距离、眼神交流和其他非言语行为所提示的"隐含信息"。这些学生还会出现癫痫，不同程度的焦虑、抑郁和消极情绪（Frye, 2012; Ozsivadjian, Hibberd, & Hollocks, 2014）。成年孤独症人士可能伴发抑郁、焦虑和强迫症等心理障碍（Croen et al., 2015）。

孤独症学生往往表现出明显的感官处理障碍。如果学生总是需要触摸不同材质的东西，或者对疼痛无感，则是感官麻木的表现（对刺激反应不足或反应迟钝）。如果学生对消防警铃的声音非常抵触、害怕人群，或者面对突如其来的拥抱感到不适或焦虑，则是感官过敏的表现（对刺激反应过度）。孤独症学生还有可能出现联觉（不同感觉无意识地混合）的情况，比如看字母或听音乐时会感觉自己看到了各种颜色。因此，有些孤独症学生比较喜欢视觉效果，图画会让他们觉得很亲切。天宝·格兰丁（Temple Grandin）教授有孤独症，她在自己的著作《用图像思考》[②]中描述了这样的现象："我通过图像思考。文字对我而言，就像另一种语言……不论口语还是书面语，我都会把它们转换成有声的彩色电影，然后像录像带一样在大脑中播放。如果有人跟我讲话，那些话也会立刻转换成图像"。（Grandin, 1995, p. 19）格兰丁最开始演讲时，是背对观众的，因为她不理解眼神交流有什么意义，也不知道演讲者应该遵守哪些礼仪。

我有幸见过金·皮克（Kim Peek），他是电影《雨人》中达斯汀·霍夫曼（Dustin

---

① 译注：想象游戏（imaginative play），也称角色扮演或幻想游戏，儿童利用想象力创造虚构的情景、角色和故事情节，通常通过模仿成人或虚构的角色来展开游戏。

② 编注：《用图像思考》（*Thinking in Pictures*），由华夏出版社2014年出版。

Hoffman）所饰主角的生活原型。他的父亲提到，他只有手拿电影导演巴瑞·莱文森（Barry Levinson）送给他的奥斯卡小金人时才能在众人面前开口讲话，就好像小金人是他的说话开关一样。他记忆力超群，有学者综合征[①]，只要给他一个日期，他马上就能说出那一天是星期几。他无须查阅任何资料就能回忆起与某一事件相关的所有情况。

根据心理学理论对于孤独症特质的整体概括，这些特质可归因于心理理论（theory of mind）[②]滞后、中央统合能力较弱以及执行功能受损（Constable, Grossi, Moniz, & Ryan, 2013）。心理理论指的是跳出自我认知限制，解读他人观点看法或心理状态的能力，意识到自己的动作和行为如何对他人产生积极影响和消极影响。如果别人的决定或行为不符合孤独症学生的喜好，他们可能会感到焦虑、沮丧；他们对于自己不感兴趣的东西会表现得漠不关心，还会躲避举止行为和自己不一样的人。中央统合能力指的是关注全局——而不纠结细枝末节——的能力。如果孤独症学生的执行功能受损，他们的组织或规划能力也会弱一些。

教学建议

整体而言，孤独症和其他障碍一样，也没有一个标准的样板。这是一种谱系障碍，每一位学生的能力和优势都各不相同，就像处在光谱的不同位置，程度也是轻重不等。因此，对教学的要求也是各不相同。

首先，也是最重要的一点，要对孤独症学生及其同学进行科普教育，让他们了解孤独症的各种特征表现，在这个过程中，要让大家看到这个人，而不是他（她）的孤独症标签。了解是理解的前提。你肯定不想把孤独症学生当成"不正常"的人孤立起来，不过，也不要给其他学生留下这种印象："和大家不一样"就是优点，那就有点矫枉过正了。另外，还要注意不要给孤独症学生贴标签，他（她）也只是个"普通小孩"，只是碰巧看待事物的方式有些不同，或者有时在行为或对环境的反应方面与其他学生不一样而已。问题的关键在于，要向公众普及这样一种观点，即孤独症只是与众不同，并非缺陷障碍——这有助于为孤独症学生打破融合环境中的

[①] 译注：学者综合征（savant syndrome），有学者综合征的人虽然存在认知障碍，但在某些方面有超出常人的能力，孤独症谱系障碍人士中有少数人有学者综合征。
[②] 译注：又译为心智解读能力。

社交壁垒（Owren, 2013）。想要以积极的态度看待差异，无论是能力、种族、语言、文化还是感官方面的差异，需要增进了解，正确科普，推动融合。总的来说，公众的同理心越强，对孤独症学生的接纳程度越高，这些学生面临的社交孤立才会越少（Mavropoulou & Sideridis, 2014）。要认识到，虽然他们的举动和行为有些不同或比较特别，但他们绝对不是有意犯错。教师不应否定学生，应该通过口头引导帮助孤独症学生和普通学生提高元认知能力，提高他们自我调节和自我倡导的能力，培养同理心和积极向上的价值观。最重要的是，要认识到孤独症只是与众不同，而不是缺陷障碍。

在学校课业和日常生活实际中，应该充分利用学生的兴趣，最大程度地发挥每个学生的潜能。如果孤独症学生仅专注于自己的兴趣，就很难搞清楚校园里的各种要求、规定以及安排。不仅是在教室，在很多情境——在学校食堂用餐时、上下学途中、课外活动和集体活动中，等等——都会出现这种情况。

学生在认知、社交、情绪、行为以及沟通方面受孤独症特质影响的程度不同，相应地，在读写、数学、语言、口头和书面表达方面的能力受到的影响也不一样。合作完成小组任务和开展课堂讨论时，教师可能需要根据学生的具体情况提供不同的辅助支持，做出适应性调整（比如利用其他辅助设备、提高手势的使用频率、给出写作提纲、列出衔接词汇、充分利用可视化工具、不断示范如何进行眼神交流、解释如何一步步完成分配的任务等）。由于孤独症学生的程度轻重不同，干预措施也需要因人而异，绝不能一概而论。

学生的读写能力也会受到影响。例如，如果学生的中央统合能力（关注全局的能力）较弱，但他（她）喜欢小狗，那么，读到一篇有小狗的故事时，他（她）可能会把注意力全放在这个小细节上，而忽略主人公的行为或故事情节的发展，完全注意不到整个故事的主线。因此，孤独症学生很可能会无法把握文章的主旨思想，进而导致无法理解整篇文章。如果学生的执行功能受到影响，教师则应该提供额外的支架式辅助，帮助他们启动、规划、组织并完成一系列的课堂任务和书面作业。

关注感官方面的细节既有好处也有坏处。如果孤独症学生把注意力全都放在无关紧要的细节上，那要求他（她）在规定时间内穿过学校走廊可能就是一件很困难的事情。然而，如果是在户外散步，那关注细节就很有利。工作人员想要了解学生的好恶和情绪爆发点，就要观察学生、常与学生沟通，同时还要与学生家庭成员和其他工作人员交流，共同商讨干预方案。其他提供服务的相关人员包括但不限于学校或家庭的行为干预专业人员、言语语言病理学家、作业治疗师、物理治疗师或者学校辅导员。

融合策略

利用阅读疗法

阅读疗法能通过阅读帮助学生有目的、有意识地关注和思考什么是恰当的行为，还能通过文本中塑造的角色促进学生自我反思，提升自我效能。比起直接宣布规则或提出要求，像虚构角色、代入情境等这些间接方式，学生接受起来会更容易。在工作人员的指导下，孤独症学生和有其他障碍的学生通过阅读选定的材料，学习和提升语言、社交和行为等技能。在这个过程中，教师无须反复强调"你看，你就应该这么说、这么做"，而是让学生随着情节的发展和人物的成长自己得出有价值的结论，在潜移默化中养成良好的行为习惯。阅读疗法并不改变教学内容，而是对阅读和写作教学的补充，所使用的教学材料中有些人物恰好有一种或几种障碍而已。

在阅读小组活动中，读到凯茜·霍佩曼（Kathy Hoopmann）所著的《神秘的蓝瓶子》（Blue Bottle Mystery）时，一名五年级的学生告诉我说，书里那个有孤独症的角色不应该是这样的。我这位学生也有孤独症，和书中的主人公很像，要不是因为自己有孤独症，他可能永远都不会说出这样的感受。不过，通过阅读书中角色的行为和言谈的描述，他对自己的行为特征看得更加清楚了。现在，这名学生已经上大学了，我们在脸书上加了好友，看到他能适应大学的生活，我很高兴。

此外，工作人员自己也应该阅读这类书籍，深入了解孤独症（或其他障碍）学生，不要只是通过期刊文章或专业发展会议去了解这些障碍。很多图书都可以帮助我们深入了解孤独症，以下书目只是其中一小部分。想要了解与其他障碍相关的小说或非小说类文本，请参见附录 D 或访问 Pinterest 的相关主题板块：https://www.pinterest.com/tkarten/ disability-books-posted-by-toby-karten.

阅读疗法可选书目
小学阶段

- *My Friend with Autism*，贝弗莉·毕晓普（Beverly Bishop）著[①]

[①] 译注：中文书名《我的孤独症朋友》，由华夏出版社出版。

- *Blue Bottle Mystery*，凯茜·霍佩曼著
- *My Brother Charlie*，霍利·罗宾逊·皮特（Holly Robinson Peete）、瑞安·伊丽莎白·皮特（Ryan Elizabeth Peete）合著
- *Elemental Island*，凯茜·霍佩曼著
- *Point to Happy*，阿芙顿·弗雷泽（Afton Fraser）、米丽亚姆·史密斯（Miriam Smith）合著
- *Since We're Friends: An Autism Picture Book*，塞莱斯特·莎莉（Celeste Shally）、大卫·哈林顿（David Harrington）合著
- *Ian's Walk*，劳里·利尔斯（Laurie Lears）著

小学高年级／中学阶段

- *Al Capone Does My Shirts*，詹妮弗·乔尔登科（Gennifer Choldenko）著①
- *Rules*，西西亚·洛德（Cynthia Lord）著②
- *The Reason I Jump*，东田直树（Naoki Higashida）著③
- *Look Me in the Eye*，约翰·埃尔德·罗宾逊（John Elder Robison）著④
- *House Rules*，乔迪·皮考特（Jodi Picoult）著⑤
- *A Wizard Alone*，黛安娜·杜安（Diane Duane）著

我之前当过辅助教师，指导学生作为同伴教练，为班上有各种障碍的学生提供支持——包括孤独症谱系障碍学生，我们一起读过绘本《我的孤独症朋友》。虽然这本书的推荐阅读年龄是5～9岁，但是其中的内容也适合更高年级的学生。这本书的理念有助于培养面向五年级学生的同伴教练，让他们了解孤独症谱系障碍，学习如何为自己的"学员"提供支持与帮助——这些学员并不是年龄小，而是在学业、社交、语言和行为方面需要更多支持。这种做法是一个双赢的举措：同伴教练可以在实际生活中发挥自己的优良品质，变得越来越善解人意；作为学员的孤独症学生

---

① 译注：中文书名《卡彭老大帮我洗衬衫》，由河北教育出版社出版。
② 译注：中文书名《大卫的规则》，由河北教育出版社出版。
③ 译注：中文书名《我想飞进天空》，由中信出版集团出版。
④ 译注：中文书名《看着我的眼睛》，由人民文学出版社出版。
⑤ 译注：中文书名《残酷的家规》，由北京联合出版公司出版。

则更愿意接受同龄人模仿成年人给予的指导。

提供行为支持

如果学生的行为确实令人难以接受，如不停地来回摇晃身体、出现自伤行为或者注意力完全无法集中，那就需要实施个性化的行为干预计划。应用行为分析（applied behavior analysis, ABA）治疗师[①]可以为工作人员、学生本人及其家庭成员出谋划策，通过干预增加学生的积极行为、减少问题行为。行为干预计划应因人而异，还应尊重学生的兴趣爱好和技能水平。

要了解和接纳学生目前的行为表现，鼓励学生充分利用自己的兴趣，改进那些确实需要改进的行为。我曾经带过一名孤独症学生，我给了他一张通用图表让他做行为跟踪记录（详见表 8.1）。负责他的教学助理告诉我，这名学生想改编我给的图表，改成一个新表。新表充分体现了他在艺术方面的优势（详见图 8.1）。他和教学助理一起把图表改得更加详细具体，也因此对这种行为干预措施更加支持和认同。

表 8.1 教师制作的行为跟踪表

时间	？？？ （1分）	还好 （2分）	较好 （3分）	很好 （4分）	超棒 （5分）
8:20–8:35 整理书本，准备上课					
8:35–10:00 阅读					
10:00–11:00 数学					
11:00–11:45 社会科学					
12:30–12:50 拼写					
13:40–14:15 科学					
总计					

---

① 译注：国内一般称为行为分析师。

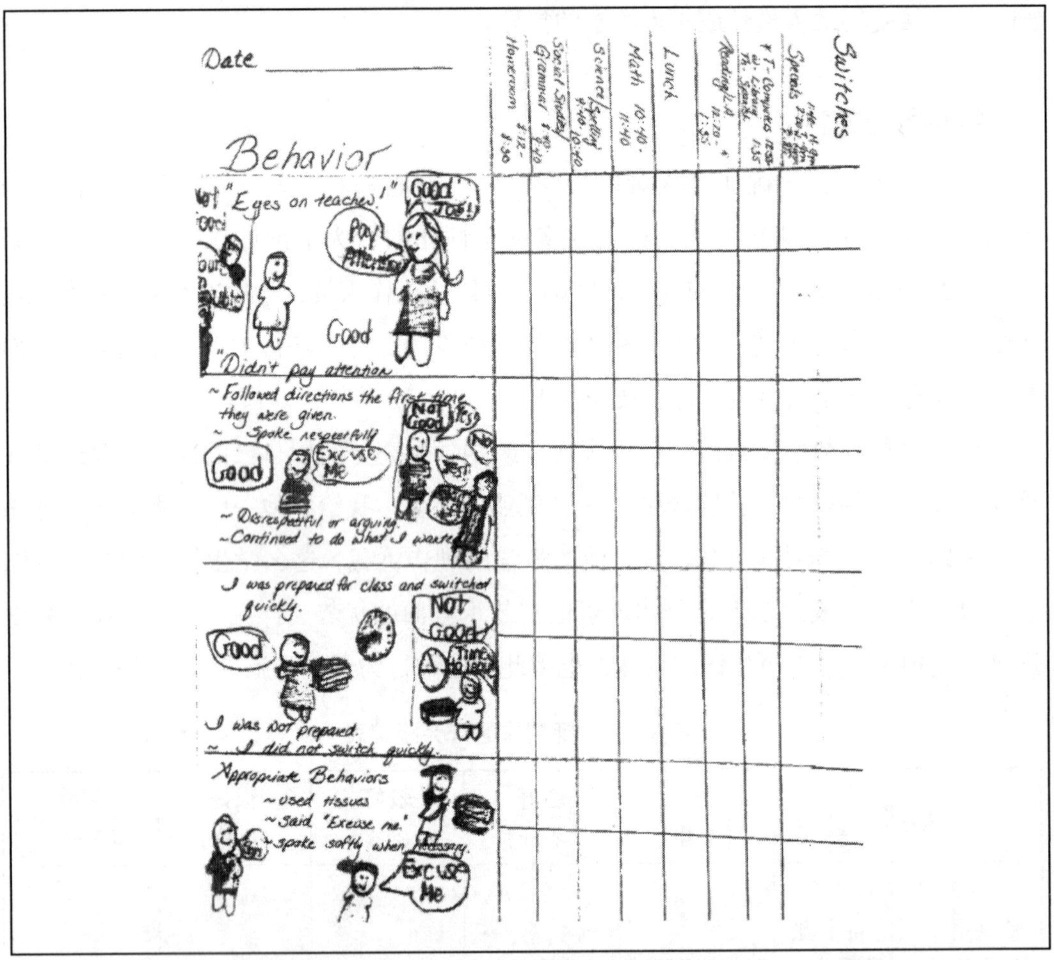

图 8.1　学生改编的行为跟踪表

分解任务步骤

拆分抽象概念，使其更加具体。例如，使用书面语言、口语习语和修辞的时候，为学生多加解释并配上可视化材料。主动考虑学生可能需要的支持和支架式辅助，为他们解读小说中人物的行为，帮助他们在小组活动中高效合作，指导他们遵守课堂规范（尤其是代课老师上课的时候），和他们一起练习社交故事或者使用脚本模拟不熟悉的场景等。

社交故事不仅说明如何将任务拆分成多个步骤，还指导学生在进入陌生环境的时候如何找到其中的关键信息，以及如何熟悉和适应学校环境和日常安排，包括课堂要求（比如"和同桌一起讨论第 3 题""把书翻到第 112 页"）。进入陌生环境之前，可以使用结合视觉元素的社交故事，帮助孤独症学生提前了解在假想或者即将到来的情况下都有哪些行为要求和日常规范。详细解释可能出现的感官刺激和社会性要求，帮助他们在不同任务或场所之间顺利过渡（比如"参观图书馆时，说话声音要小"）。通过利用社交故事，学生可以事先演练，提前了解可能出现的情况，这样进入不熟悉的环境时就不会感到太过紧张。

为了让孤独症学生了解观看百老汇演出的时候将会发生什么、自己应该怎么做，纽约戏剧发展基金（Theater Development Fund, TDF）为他们准备了专门的社交故事，还为他们提供了合理便利和其他调整措施。有些演出还有专为孤独症学生准备的节目，为了让他们安心欣赏表演，表演的时候会减少感官刺激，比如减少视觉和听觉输入信息，调整舞台灯光，提供耳机和指尖玩具[①]以及其他可能需要的辅助等。图 8.2 就是为了方便孤独症学生观看百老汇演出而准备的社交故事片段，可供学生提前熟悉。

引座员会给我们一份节目单。节目单是一本书。我可以看节目单。
剧院会变暗，还会安静下来。演出期间我也要尽量保持安静，这样才能听得清。
我会看到穿着演出服的演员在舞台上表演。

图 8.2 为观看百老汇演出准备的社交故事

---

① 译注：用来帮助孤独症学生缓解压力。

想要进一步了解如何打造孤独症友好型剧院，比如增加演出间歇、解决噪声过大等问题，请访问孤独症友好型剧院倡议网站（www.tdf.org/nyc/40/Autism-Theatre-Initiative）。想要了解更多可视化工具，请访问以下资源：

- **Pics4Learning**: www.pics4learning.com
- **Read, Write, Think**: www.readwritethink.org/files/resources/interactives/trading_cards_2
- **可视化时间表**：https://handsinautism.iupui.edu/pdf/How_To_Visual_Schedules.pdf
- **鼓励卡和提示卡**：www.autismspeaks.org/family-services/ resource-library/visual-tools
- **个性化班级日历**：https://developers.google.com/apps-script/ reference/calendar/calendar

发挥学生优势

实施自然情境干预，就是将干预融入学生的日常事务或安排当中。充分利用学生的优势，孤独症学生的优势就是在视觉方面往往极为敏感。因此，教师可以通过视觉形式呈现信息或概念，比如经常使用连环漫画配合教学；使用视频示范，让学生明白什么是积极行为；使用可视化工具帮助他们概括主要思想或内容，防止学生过分纠结无关紧要的细节（而分散了注意力）。想想如何既辅助学生，又不让他们产生依赖性。教师要明确表达自己的想法，碰到习语以及比较抽象的说法时要给学生解释其含义，否则他们可能只会按字面意思理解。不要讽刺挖苦学生。请务必了解学生的家庭情况、个人需求和日常生活——无论这些情况与他（她）对数学感不感兴趣有没有关系，还要了解其他"琐事"，比如他们在走廊有噪声或干扰的情况下走班上课有没有困难，能不能接受嘈杂的音乐、挺括的衬衫或羊毛的毛衣，能不能适应家庭和学校的各种规范和日常安排，因为所有这些都与学生的表现有关。教师要和学生家庭成员分享自己认为有用的资源、工具和策略，这样的话，在家的时候家长就能帮助学生强化学习效果，巩固所学内容，并为他们提供行为、社交和学业上的支持，例如让学生和家庭成员一起使用视觉提示卡或作业记录本来检查家庭作业的完成情况。如果孤独症学生在学校需要工作人员贴身提供支持才能保证最大限度地集中注意力，那么回家以后也需要类似的跟踪支持，这样才能保证最大限度地提高学生的能力与水平。

和面对其他障碍学生一样，重点是要给孤独症学生恰当的反馈和表扬。天宝·格兰丁（2016）提出的教学策略强调了等待的重要性，要等待学生反应，等待教学时机，而不是在不了解孤独症学生如何看待教学内容、日常安排以及各种要求的情况下，一股脑儿地开展教学活动。凯茜·霍佩曼是孤独症领域的少儿书籍作家，她认为孤独症是值得骄傲的差异。她的作品《神秘的蓝瓶子》中有一个角色名叫安迪，他是个普通孩子，他很羡慕自己的孤独症朋友本，因为本很擅长数学、科学和计算机。他能跟本成为朋友，是因为他自己个子比较矮，没法加入篮球队。这两个虚构的角色就是现实生活中人物的再现，不断提醒着我们，要重视每个人的内在优势，不要让障碍/差异限定了一个人的能力水平或自我效能。教师应对学生抱有较高期望、适时提供支架式辅助，如果这些做法能成为惯例，那么每个人都有能力取得巨大进步。

*

回顾本章有关孤独症谱系障碍的内容，帮助孤独症学生学习时，重点是要做到以下方面：

- 要看到学生这个人，而不是孤独症这个标签，要帮助学生发挥潜能。
- 要循循善诱，不要先入为主、妄加评判。
- 想方设法把有瑕疵的沟通转化为有意义的对话。
- 提供社交技能培训。
- 鼓励学生与同学或成年人良性互动。
- 发挥同伴作用，培养同伴教练。
- 提供行为支持，引导学生使用替代行为，减少重复刻板行为。
- 利用阅读疗法强化读写教学。
- 重视自我调节。
- 分解任务步骤，用好社交故事。
- 利用可视化材料解释抽象概念。

- 与提供服务的专业人员以及学生的家庭成员合作。
- 发挥学生的优势,理解学生的需要。
- 学生有自己看待世界的方式,对此应该表示认同和尊重。

第九章
智力障碍

障碍原因

智力障碍（intellectual disability, ID）由多种因素引起，包括遗传因素、孕期或分娩时的损害以及环境健康危害。孕期或分娩时导致儿童大脑发育受损的原因有很多，包括母亲妊娠期饮酒或服用药物、分娩时出现暂时性缺氧以及其他产伤。儿童期罹患脑膜炎和脑炎等疾病引发的脑部损伤、先天性甲亢、染色体异常、治疗不善、营养不良、铅汞暴露以及其他环境毒素暴露等也都有可能导致智力障碍。不过，唐氏综合征、胎儿酒精综合征和脆性X染色体综合征是导致智力障碍的三大主要原因（The Arc, 2011）。

特征表现

虽然大多数唐氏综合征儿童都有轻度到中度的智力障碍（The Arc, 2016），但和孤独症以及其他障碍一样，这些儿童的特征表现也是一个"谱系"，障碍程度各不相同。金·爱德华兹（Kim Edwards）通过她的小说《不存在的女儿》（*The Memory Keeper's Daughter*）让读者看到了唐氏综合征儿童的长处。作者笔下的两个角色——这两个角色的孩子有唐氏综合征——曾经这样追问过："如果假设孩子一切正常，什么都能做，那又怎么样呢？也许孩子长得没那么快，也许不是那么合乎标准。但是，如果我们完全不看那些生长发育表，也不在乎什么时候应该达到什么标准、符合什么成长曲线，会怎么样呢？如果一直不放弃对孩子的期许，同时又让孩子按自己的节奏成长，又会怎么样呢？会有什么危害吗？为什么不试试呢？"（2005, p. 98）。

关键在于要将智力障碍学生看作独立的个体，他们可以按照自己的节奏实现相应的目标。和所谓"正常"的同学不一样，并不意味着存在缺陷。

智力障碍是一种发育障碍，通常出现在 18 岁之前，会影响个体的智力功能和适应性行为。智力功能指的是一般心智能力，如学习、推理以及解决问题的能力［美国智力发育障碍协会（American Association of Intellectual and Developmental Disabilities, AAIDD），2013］。适应性行为包括使用实用性技能、概念技能和社交技能的能力，大体上来说，这些技能指的是顺利完成学校以及社区日常活动所需的一系列功能性生活技能。实用性生活技能与完成日常生活活动（个人护理）有关，学生掌握这些技能即可完成以下活动：学习并掌握作业技能[①]；进行医疗保健；摄入综合全面的营养；学会出行/乘坐公共交通；制定日程/计划安排；保证自己的安全；学会日常消费、打电话、看日历等。概念技能与抽象思维有关，例如在学业和社交领域，是指将概念泛化和转移的能力以及推理和解决问题的能力。此类技能会影响个体听、说、读、写和调用常识的能力，还会对个体的记忆力、数学运算能力和批判性思维产生影响。社交技能除了指与成年人和同学互动的能力，还包括建立并维系人际关系和友谊、进行有效沟通的能力（美国精神医学学会，2013）。

过去，诊断智力障碍的主要方法就是实施标准化测试，但这种测试仅仅是智商（intelligence quotient, IQ）测试而已。现在，智商测试依然在沿用，但概念技能、社交技能和实用性技能等方面的临床评估同样可为诊断提供重要信息。这类评估不拘泥于学生的能力分数，而是根据学生对所学技能的日常应用情况，判断学生的功能性技能水平以及所需的干预措施。同样需要重点考虑的还有语言和文化的多样性，因为这些方面的差异会影响学生的学习速度。美国智力发育障碍协会指出，尽管有的人在某些方面确实存在明显的障碍，但永远不要认为他（她）一无是处。协会还强调，只有将语言和文化差异纳入考虑范围，智力障碍的诊断才不会受到种族和文化偏见的影响（Goode, 2015）。智力障碍还可能存在共病，因为有些有智力障碍的学生可能还同时有阅读障碍、注意力缺陷多动障碍或孤独症谱系障碍等其他障碍（APA, 2015; 详见本书第一、二、八章，分别了解这些障碍）。

教学建议

有智力障碍的学生是具备学习能力的，只是学习方式略有不同而已。如果能用

---

① 译注：作业，这里同作业治疗师的"作业"，指日常生活活动。

具体的呈现方式、循序渐进的方法教他们，再加上不断重复、练习和示范，他们就能有所收获，熟练掌握并泛化所学的知识和技能。如需为学生提供社交互动、沟通、自理以及日常适应性生活技能方面的帮助，可以根据学生的具体情况制作可视化日程表，利用移动设备（如平板电脑）上的扩大和替代沟通类应用程序"交流"，针对学业、社交及操作技能进行任务分析，将其拆分为多个回合步骤，帮助学生学习并掌握相关技能。学校应提供不同程度的支持，同时还要按照个别化教育计划的规定为学生提供定点服务。教育安置形式和服务内容需因人而异，根据学生的个人情况量身定制。因此，有智力障碍的学生可能会和有其他障碍的学生一起在单独教室学习，也可能全天或部分时间参与融合教育课堂，还可能需要接受相关服务，比如作业治疗、物理治疗、言语服务、助理教师提供的辅助服务等，或者需要延长学年服务。

总而言之，谈到智力障碍学生所需的课堂支持，卡内拉·马洛内、康拉德以及彭宁顿等人（Canella-Mallone, Konrad, & Pennington, 2015）提出了辅助框架，英文原文首字母为 ACCESS，其中：

A 代表 "Accommodations and assistive technologies"，意为"提供合理便利，利用辅助技术"

第一个 C 代表 "Concrete topics"，意为"将教学内容具体化"

第二个 C 代表 "Critical skills"，意为"教授关键技能"

E 代表 "Explicit instruction"，意为"采取直接教学策略"

第一个 S 代表 "Strategy instruction"，意为"提供策略方法方面的指导"

第二个 S 代表 "Systematic evaluation"，意为"开展系统评估"

融合策略

关注学生进步

有智力障碍的学生和有其他障碍的学生一样，都有权利接受普通教育，他们的进步情况也需要得到关注。如果个别化教育计划团队（包括学校工作人员、学生家庭成员和所有提供相关服务的专业人员）认为融合教育课堂是最少受限制环境，那就需要在课堂中为这些学生提供适合其需求的支持资源（比如同伴教练、提高学生元认知的方法以及其他提示和视觉辅助工具）。学生有智力障碍并不意味着必须分班教学。每一位有智力障碍的学生都是一个独立的个体，有权与其他同学一起接受适合其个人情况的免费公立教育。

参照个别化教育计划目标，学生有了哪些进步，教师要定期回顾、分享，以便为未来的教学决策提供参考。只要学生在元认知和掌握技能方面有所长进，就应该给予赞扬与肯定。例如，让学生比较两组东西，看哪组东西更多，如果学生很难"把两组东西挨个全数对"，那么即使学生给出了错误的答案，教师也要说"数得越来越准了"。同样的道理，如果学生在拼写单词时不小心漏掉一个字母，或读句子时不小心漏掉一个单词，教师也要肯定他们做得好的部分。学习路上会遇到很多阻碍，但沿途中不断分享有智力障碍的学生的进步、保持积极的心态，可以帮助他们提升自我效能，取得更多进步。

提供多样化支持

为有智力障碍的学生提供多样化的支持，包括学习、沟通和身体方面的支持，可以促进学生学业技能和功能性技能的发展，具体涵盖概念技能、社交技能和实用性技能三大领域。接下来将要介绍的就是这三个领域的具体支持方式。

概念技能领域的支架式辅助

如果学生在书面表达方面有困难，且不会组织或构思文章，那么可以为其提供一份写作提纲，列出基础事实，让其连句成段，每次一段。为学生提供范文以及其他支架式辅助时，措辞要简单明了，尤其是在学生对所写话题还不了解的情况下。如果学生的精细运动协调能力和身体灵活度较弱，或者保持不了坐姿，那么可以让他们使用较粗的书写笔或带斜坡的书写垫板，这样的话，这些问题就不会成为他们表达想法、完成书面作业的阻碍。如有需要，可以教学生使用键盘输入或者为其提供其他合理便利，比如数字录音机，让学生把自己要写的单词录下来，这样他们就无须以书面形式展示所学知识。

如果有智力障碍的学生掌握不好单词韵律，阅读不够流畅，那么可以教他（她）使用押韵词典或电子发声词典，还可以让他（她）使用数字化工具，选择难度不大但符合其年龄阶段以及兴趣爱好的书籍供其听读。Read 180、High Noon、Perfection 和 Steck-Vaughn 等出版机构都能为十几岁的学生提供低难度的书籍。针对十几岁的孩子进行单词韵律教学时，不要选用像《小羊开吉普》(*Sheep in a Jeep*) 这样的文本，而是应考虑使用谢尔·西尔弗斯坦（Shel Silverstein）、马亚·安杰卢（Maya Angelou）或兰斯顿·休斯（Langston Hughes）的作品选段，这些内容更适合这个年龄段的孩子。

在融合环境中，概念技能领域的支架式辅助可以采取循序渐进的方式，辅助学生学习课堂教学内容，同时融入相应的支持工具，供有智力障碍的学生使用。这类辅助不仅能有效避免学生在课堂中产生挫败感，还能通过具体的示范、系统化的检查、反馈和强化让教学内容更加清晰明了（Allor, Mathes, Roberts, Jones, & Champlin, 2010）。例如，调整提示方式，帮助有中度智力障碍的学生理解五年级美国历史的教学内容（Wood, Browder, & Flynn, 2015），可以先给学生朗读部分课文内容，一边读一边解释应该如何回答问题，然后提出学生无需推理即可答对的问题，让学生判断文中是否有答案。可提供支持的资源和工具包括针对记叙文五要素的信息梳理工具，比如列出"人物—时间—地点—原因—事件"等内容的纲要，可以让文中事实和细节一目了然——用于提示故事梗概，比如用于监测自身进步的自检表格等。这些支持可帮助有智力障碍的学生理解、处理非小说文本中的抽象语言和概念。伍德（Wood）及其同事指出，采取这些干预措施之后，智力障碍学生的听力和阅读理解能力有了明显提高。

社交技能领域的支架式辅助

我们还要帮助学生与同学和成年人互动，比如为其讲解和示范有效的沟通方式和行为。有智力障碍的学生可能会通过某些行为发泄自己在社交方面的挫败感，这会导致其他学生更加疏远他们，或反过来恶意霸凌他们（Reiter & Lapidot-Lefler, 2007）。我们对霸凌零容忍，要提高所有学生的社交能力，对他们进行行为干预，还需要严格执行学校规定。

有智力障碍的学生虽然和普通学生在一起学习，却可能遭到同学的孤立和排斥，在课堂之外几乎没有机会真正融入社交活动，这会使他们感到孤单和难过。针对如何发展并维系友谊进行直接教学可以帮到所有学生，比如示范教学，利用的是社交脚本和社交故事以及正在进行的对话。此外，还可以利用计算机和视频辅助教学，通过现实生活中的正面例子与反面例子直观地展示什么是恰当的社交行为（Simpson, Langone, & Ayres, 2004）。例如，针对分享、跟随指令和与人打招呼等社交技能进行教学，可以设计一个计算机课件，在课件中放入普通学生的视频片段，分别示范恰当和不恰当的社交行为，然后要求学生分辨，使其更好地理解什么是恰当的互动行为，进而模仿这些行为。

针对社交和情绪的教学较为抽象，很难明确界定或具体量化（不像数学考试或阅读测验）。不过，即便是抽象的内容，也同样需要分步指导并跟踪学生的进步情况。要重点关注学生在人际关系和自我认识方面的进步，比如维护自身权益的能力、建立和维系友谊的能力、防骗能力以及成熟程度是否有提高，在责任感、自尊、自信以及遵守规则秩序方面是否有进步等。

任务分析：

步骤1：老师点名时，我进入教室，在我的座位坐下。
步骤2：然后，我拿出老师上次布置的作业，对答案。
步骤3：我认真听讲，跟随老师的口头指令和书面要求，与其他同学互动。
步骤4：之后，我填写反馈卡[①]，上交给老师。
步骤5：最后，下课铃响起，我准备下节课要用的书本资料。

表9.1 任务分析记录表

日期	步骤1	步骤2	步骤3	步骤4	步骤5	总计
星期一						
星期二						
星期三						
星期四						
星期五						

实用性技能领域的支架式辅助和任务分析

采取多种方法提高学生的自我调节能力，通过完成日常事务提高他们的自我效能感。提高实用性技能包括在不同的环境和情境中培养学生的责任感，提升其独立性。学校需要在学业任务中融入实用性技能。例如，让学生在教室或学校商店担任收银员。学生可以学习整理摆放货品、给商品贴标签、与他人交流以及管理钱款。学校还要想办法在不同的科目中将识字和算数技能教学与烹饪、园艺、艺术和音乐等主题相结合，将学业与社交、情绪、行为和功能性技能联系起来。

---

① 译注：一种课堂评估工具，用于收集学生对本节课程的反馈，通常要求学生在课程结束时完成。

课堂教学内容应结合学生所在社区、地区或国家的实际生活情况，涵盖与钱币、时间和数字等概念相关的实用科学素养。如果学生正在学习林奈的生物分类法和分类系统，那么教师可以为他们讲一些更为常见的分类概念，比如超市和杂货店里的食品或洗漱用品如何（在货架上）分类摆放，这样，有智力障碍的学生可能会很容易接受。实用的功能性技能包括记账、收发短信、和人打招呼、进行个人陈述[①]、给从家里带来的照片写说明或标注，以及写简历和求职信（视年龄和技能水平而定）等。重要的是，要提醒工作人员、学生本人及其家庭成员重视转衔技能，制订相应计划，提高学生的学业技能和功能性技能，为将来就业或者升入大学做好准备。

学校的创办目的就在于帮助学生学会独立，让其在成年后过上有意义的生活。然而，与有其他障碍的学生相比，智力障碍学生接受高等教育的可能性更小（Grigal, 2016）。学校应该帮助学生做好准备，以便平稳度过转衔期，这就需要帮助学生提高学业技能和社交技能，比如学习如何保持良好心态、如何做决定、如何浏览网站，将来在工作场合应该怎样着装、怎样表现等。

了解学生的知识基础，匹配学生的兴趣

因材施教非常重要。要不断发掘学生的优势和兴趣，了解学生的能力和基础，并结合这些因素设计教学活动。如果学生有唐氏综合征，数学计算能力较弱，但是他（她）喜欢啦啦操，那就可以在编排舞蹈动作时融入数学技能。为了避免学生受挫，讲授复杂比例或比值的数学表达式之前，先了解学生是否知道如何将比值化为最简分数形式。如果学生有喜欢的电影或电视节目，教师就可以围绕这些让学生练习阅读和写作技能，比如总结电影情节、撰写在线评论、对比不同电影等。不过，可能要为学生准备一个写作提纲，帮助他（她）开始任务；或者准备一张文氏图[②]，帮助他（她）对照比较。要像了解其他学生一样，努力了解有智力障碍的学生。

无论是内在激励，还是外部奖励，对学生都很有效，不过奖励也需要因人而异。有位教育工作者表示，她在体育课上让一名有智力障碍的学生多留了一会儿，帮助老师做事，可是后来才知道这名学生更喜欢去帮助图书管理员。这里的教训就是奖励应该基于学生的兴趣爱好。学生和学生不一样，有智力障碍的学生虽然表达能力

---

① 译注：个人陈述是指从说者的第一视角出发，讲述发生在个人身上的真实故事或经历。
② 译注：又名韦恩图，是一种数据可视化图表。

较弱，但如果教师愿意花时间了解他们，就能极大地调动他们的积极性。指导、反馈和强化都是非常宝贵的工具和资源，但是只有与学生个人的水平和兴趣相匹配，其价值才能得以体现。

共同承担责任

应该与所有工作人员、学生本人及其家庭成员共同承担责任。要向学生家庭成员反馈学生的进步，还要持续高效地开展家校沟通，通过这种方式延续在校学习环境，巩固学生学习成果。在班级和学校为学生建立结构化的同伴支持体系，培训同伴教练，帮助有智力障碍的学生提升学业水平，锻炼社交和沟通技能。通常来说，"讲解员"给同学讲解某一概念的过程也是巩固自己所学知识的过程。因此，"同伴教练"的做法可以实现双赢。

工作人员共同承担责任，体现在分组教学或者分站式教学中，这种教学方式可以降低生师比，让学生得到更多关注。如果有智力障碍的学生在协作教学的普通班级中学习，那么普通教育教师和特殊教育教师在课程规划、教学和评估方面就承担着相同的责任。助理教师，有时也称教学助理，通常需要协助（或像影子一样从旁跟随）有智力障碍的学生，为其提供学业和行为上的支持。不过，问题在于并非所有的助理教师都接受过充分的培训，因此无法保证提高智力障碍学生的学习效果（Brock & Carter, 2013）。

为了落实责任，所有工作人员都需要了解每一位学生的实际情况，学习如何为他们提供既定干预措施。所有工作人员也需要了解相关知识、接受专业培训、加强彼此沟通。这意味着，包括音乐、美术、计算机和外语教师在内的所有人都需要充分地了解学生个别化教育计划中的要求。如果有智力障碍的学生正在接受专业人员提供的服务，比如言语语言病理学家、作业治疗师和物理治疗师，那么这些专业人员之间也需要不断沟通。

维护学生权益

罗莎·马切利诺（Rosa Marcellino）的体育老师曾经上过我的一门研究生课程，这门课程主要是讲各种障碍和融合支持的。罗莎是一位有唐氏综合征的小女孩，在她和家人的不懈努力下，《罗莎法》（Rosa's Law）（PL 111-256）得以通过，2010年开始，联邦法律停止使用"智力发育迟缓"这一用词，改用"智力障碍"（Teaching

Tolerance, 2011）。这位体育老师告诉我，罗莎和家人的坚持给了他很大的启发，让他开始思考应该如何改变自己的教育方式。这段教学经历给他带来了巨大的变化，之前他只看到学生表面上的障碍，或者只考虑学生的障碍会带来哪些问题，现在他考虑更多的是学生的发展有无限可能。

作为最少受限制环境，普通班级是最佳的教育安置形式，前提是专门设计的支持资源能够满足学生的特殊情况和需求。总的来说，教师应该在不影响学生学习成果的情况下，为其提供合理便利。在需要做出适当改动时，制订相应的计划，逐步撤出原有的支持。关键在于让学生勇于尝试，不要让他们过度依赖辅助。学生应该进入广阔的天地，这是他们的权利，要鼓励他们不必纠结自身的局限，一切皆有可能。

*

回顾本章有关智力障碍的内容，要保障、维护学生的权益，重点是要做到以下方面：

- 重视学生的进步与对知识的掌握程度。
- 在概念技能、实用性技能以及社交技能领域提供支架式辅助。
- 提供多样化的支持，借助多感官途径开展教学。
- 将抽象概念具体化。
- 对学生抱有较高期望。
- 想办法拆解复杂任务。
- 了解学生的知识基础。
- 匹配学生的兴趣。
- 培养学生的转衔技能。
- 关注每一位像罗莎一样的学生。

第十章
失聪及听力障碍

障碍原因

产前及产后阶段有很多因素都可能导致孩子失聪，包括早产、头部损伤、遗传因素或者孕期并发症。怀孕期间缺氧或患黄疸可能导致孩子耳部感染，从而引发听力障碍，孩子感染风疹、麻疹、脑膜炎、腮腺炎以及服用耳毒性药物引起的并发症也会造成内耳损伤（Deaf Child Worldwide, 2016）。其他导致失聪及听力障碍的因素还包括外耳、中耳及（外）耳道畸形，过敏，儿童传染病以及鼓膜穿孔。

听力损失可分为三种类型：传导性听力损失、感音神经性听力损失及混合性听力损失。传导性听力损失与（外）耳道、鼓膜或中耳（病变）有关，而感音神经性听力损失与内耳和听觉神经有关。混合性听力损失，则既有可能是内耳、中耳和外耳（耳蜗）出了问题，也有可能是听觉神经受到了损伤（美国听力损失协会，2016）。

特征表现

失聪不一定就是残障（Benedict）。尽管学生的口语和言语发展会受到听力异常的影响，但他们的读写和数学技能却不见得会差，智力也并不会变差。与所有残障学生一样，听障学生的需求和表现水平各不相同，因此他们的特征表现以及优势长处也各不相同。不是所有失聪的学生都擅长通过视觉学习，有听力障碍的学生也各有各的情况。他们的特征表现与发病年龄、失聪或者听力受损程度、家庭成员的听力情况、残余的听力情况有关，与其获得的支持资源以及选择的沟通方式也有关。学生本人及其家庭成员有自己喜欢的沟通方式，包括以下几种。

- 口语沟通：结合说话人的语言行为理解其表达的内容、读唇语、利用残余听力
- 手语沟通：使用手语、使用指拼
- 综合沟通：综合运用口语沟通和手语沟通的方式

有些学生及其家庭成员仅用美国手语（American Sign Language, ASL）沟通，还有些家庭既使用手语，又说英语。有些学生的家长也是失聪人士，这些学生在学业及社交方面往往表现得更为出色，有研究人员认为这是因为这些家长能够与孩子沟通得更加顺畅（Hallahan, Kaufman, & Pullen, 2012）。

"聋人文化社群"相当活跃，其成员之间的联系也很紧密。在医学上，失聪的定义是听力功能丧失或病理障碍，而"聋人文化社群"对于失聪的定义与此不同（Benedict）。例如，"聋人文化"的支持者会对接受人工耳蜗和基因工程的人提出质疑，认为他们不接纳自己，把失聪当成一种"要治的病"了。

听障学生往往具备更强的视觉和触觉能力，对于淡化口头信息的多样化教学形式[①]的接受效果更好。即便还有部分残余听力，听障学生可能仍要依靠视觉媒介辅助学习。因此，普通教室内外都应考虑学生在视觉空间方面的偏好以及所处的环境条件。习惯通过视觉学习的人喜欢图像、照片、数字动画、电影以及多媒体，这些载体使得字词能以图像的形式呈现出来，而不再仅仅是某种符号。视觉语言不是通过声音，而是借助手势、面部表情、肢体动作及眼神来呈现听觉信息（Benedict）。

教学建议

失聪人士教育委员会曾经总结过联邦政府关于支持先天性听障人士教育和社会发展改革的建议（美国教育部，2015）。但是，令人担忧的是，在普通班级中，失聪学生的沟通及语言需求依然没有得到满足，原因是失聪及听力障碍的发病率较低，学校工作人员往往没有经验，也没有受过专门培训。如果没有专门指导，普通学校很难达到《残疾人教育法》的要求，成为为残疾学生提供适合且免费公立教育的最佳场所。需要解决的具体问题包括如何教授与学生年级水平相适应的学业技能，比

---

① 译注：即视听动触多模态教学模式。

如阅读、写作、拼写、语法以及数学技能，并找到最适合他们的教学方法，不一定局限于口语、手语以及综合沟通的形式。

听障学生在学习各门学科时，往往很难理解复杂的语法结构，在口头交流、口语表达和书面写作方面也多有困难。如果在课堂学习和课外活动中得不到充分的接纳，他们还会变得更加内向、孤僻。即便他们的学习能力和成绩可能与没有听力损失或者失聪的同学不相上下，也依然避免不了这种情况。

融合策略

重视直接教学，提供适当的支架式辅助

与针对其他障碍的融合策略一样，针对听力障碍的融合策略也要根据学生的特点因材施教。如果学生在阅读、语言艺术或数学方面比较落后，那么融合策略就需要通过直接教学或提供适当的支架式辅助来强化这些薄弱环节。例如，教学生自然拼读的时候，增加可视化元素、用各种手势表示元音、以打节奏的方式区分不同音节、写出学习大纲，或者用其他视觉信息整理工具进行辅助。将单词按照定义及其相互关系进行分栏、使用带插图的思维导图辅助理解概念、制作其他可视化工具帮助学生更好理解学科相关词汇，这些都是可取的策略。针对口语和书面表达，日常的语法及语言教学必不可少。而对于数学教学来说，多用教具、多做练习也是至关重要的。每次观看课程视频的时候都把字幕调出来。多使用教具，无论是计数棒还是立体浮雕地图都可以，减少对口头指导或课堂讲授的依赖。总之，最终目标是避免听力障碍对学生的学习，对批判性思维和社交技能的发展造成干扰。

差异化教学不是放羊式教学

在普通班级中采取差异化教学，不是对残障学生不闻不问，而是对其因材施教。例如，可以给失聪学生发一份课堂讲义复印件，方便他们跟上授课进度，也可以给他们发一份课程大纲，让他们预习或者在听课时参考，最大限度地帮助他们参与课堂教学活动、提高理解能力。使用"完形填空式笔记"，让学生填上空缺的单词，这种方法也很有帮助。表10.1中以"西进运动"为主题的笔记就是一个例子，学生可以自己填空，也可以从笔记下方的单词框中选词填空。如果学生难以跟上授课进度，就可以直接从单词框中选择自己认为合适的答案。不过，需要注意的是，这种方法

是一种合理便利，通过这种方法"创作"的笔记依然是学生自己的学习成果，供其参考复习。①

表 10.1 "西进运动"完形填空

1803 年，_____总统从_____政府手中以 1500 万美元的价格购买了"路易斯安那"的领土。_____购地案涉及的区域东起密西西比河、西至_____山脉、北起_____、南至新奥尔良，自此_____的面积扩大了一倍。

a. 西进	c. 美国	e. 路易斯安那	g. 西班牙
b. 托马斯·杰斐逊（Thomas Jefferson）	d. 落基	f. 法国	h. 加拿大

帮助没有完全失聪的听障学生集中注意力，可能需要采取不同的授课方式。扩音系统不但对听障学生有帮助，也有助于提高全体学生的听课注意力。差异化教学可以提高听障学生的课堂参与度，让其残余听力发挥作用，不用总是请老师重复单词、句子、指令以及解释。课堂听力研究所（The Institute for Enhanced Classroom Hearing）称，不管是有听觉处理障碍、注意力缺陷、行为障碍的学生，还是听力没有问题的学生，都可以从扩音系统中受益。

提高学习效果、促进社会融合

有些实用方法可以帮助失聪/听障学生提高学习效果、促进社会融合，举例如下：

- 不管是学生还是工作人员，讲话时都要面朝失聪/听障学生。
- 课堂讨论时，将教室座位围成一圈（方便学生结合说话人的语言行为理解其表达的内容）。
- 对话时保持正常语气，不要过分夸张。

---

① 译注："合理便利"和"适当改动"都是特殊教育领域的术语。前者指的是对课程进行调整，比如改变考试地点、改变学生答题方式，不会从根本上改变原有课程，也不会降低课业标准；适当改动指的是改变课程安排，这种改变确实使课程要求发生了变化，比如改变课程内容、时间安排或者考试形式等。因此，作者在这里强调这是"合理便利"，并没有降低标准。

- 经常使用与课程相关的视觉资料、大纲及可视化工具。
- 提前为学生提供笔记（包括讲课时呈现的视觉资料）并告知学生日程安排。
- 定期与学生单独谈话。
- 在课堂内外使用合适的电子设备或技术（比如扬声系统、配有字幕的视频、计算机辅助教学技术、互动式电子白板、网络摄像头、助听器、以振动方式传递信息的设备、利用光波将声音传输到特殊光敏接收器的红外系统、将口头信息转换为手语的视频中继服务以及将语音回复转换为文本的文字电话），充分发挥学生潜能，提高他们的融合程度、沟通质量以及理解能力。
- 指导其他学生如何、何时为失聪及听障学生提供帮助（比如安排同伴教练）。
- 讲解单词时，辅以视觉提示和手势动作。
- 从实际层面（比如撰写学习日志、社交日记，写下励志宣言如"我能做到……"）帮助学生实现自我倡导、提升自我效能。
- 在课堂上穿插一些学生感兴趣的话题。
- 在所有的学校及课外活动中都要考虑如何帮助学生实现社会融合。

了解团队成员

邀请能提供相关服务的专业人员，主动与其合作，比如手语翻译、听障教师、听觉问题矫治专家、言语语言病理学家、学校辅导员、口译员、音译员。如果可以的话，再邀请实时沟通语音转写（Communication Access Realtime Translation，CART）服务供应方，他们可以利用语音速记在速记机上翻译音频材料。实时沟通语音转写通常被称为实时字幕，可以通过笔记本电脑等设备将口头言语以文本的形式呈现出来（美国聋人协会）。专门针对教育领域的听觉问题矫治专家和听障教师可以为学生、学校工作人员和学生家庭成员提供有关助听器维护及校准的重要信息（美国教育听力学协会，2015）。除了参加学生的个别化教育计划会议，专业人员还可以对教师以及其他教研人员进行听力检查方面的培训，提供重要资讯，从而帮助他们展开课前教学、提供支持并检查教学材料。因此，普通教育教师和特殊教育教师应该与这些专业人员分享自己的课程计划和教学单元的辅助资料。无论学生的家庭成员对此有何看法，加强家校合作都非常值得去做。必须与学生的家庭成员合作，分享策略、相互尊重，最大限度地帮助学生巩固所学知识。

我曾有幸与一位听障教师共享资源教室。在我们共事的这些年里，我见证了这位专业人士——她本人也有听力障碍——自身的变化，也见证了她所负责的学生的变化。她与全体工作人员齐心协力，常在普通班级中作为"中间人"为失聪及听障学生争取合理便利。做完人工耳蜗植入手术后，她对某些外界声音感到十分厌烦，这些声音她之前从未听到过，现在却成了周围环境的一部分（比如学校保洁工人可能使用清洁报警器，这些设备会发出蜂鸣提示音，还比如晨间广播有时候会放个没完）。因此，基于不同的过往经历、家庭偏好和个人兴趣，每个听障或失聪学生都有自己的"舒适区"和对听觉刺激及工具的接受度。

了解这些学生愿意接受哪些服务、可以接受哪些服务，意味着所有的学校工作人员、学生家庭成员及学生本人都要明白这一点：好的教学实践有助于提高所有学生的能力。失聪或听力障碍并不会影响学生的智力，但是他们接受的服务类型以及学校干预人员的知识水平和彼此合作的默契程度，确实会影响其在校表现。

*

回顾本章有关失聪及听力障碍的内容，要保障、维护学生的权益，重点是要做到以下方面：

- 重视直接教学。
- 提供适当的支架式辅助。
- 做好差异化教学，不降低课业标准。
- 提高学生的学习效果。
- 促进学生的社会融合。
- 与学校工作人员、专业人员、学生家庭成员及学生本人齐心协力。

第十一章
失明及视力障碍

障碍原因

导致失明及视力障碍的因素有很多,包括早产、视网膜母细胞瘤(即眼癌,常见于 5 岁以下儿童)家族史、先天性白内障、孕期感染、中枢神经系统问题、癫痫、脑瘫、脑积水(即脑脊液积聚脑内)以及发育迟缓等。早产可能导致严重的眼部疾病,也就是早产儿视网膜病变,会损伤视力,甚至达到法定失明的程度[①]。其他可能导致视力损失的因素还包括感染、遗传或者代谢疾病、脑损伤以及神经性视力障碍(美国盲人基金会,2016b;家长信息与资源中心,2015;美国脑瘫协会,2016)。

视力问题可能是屈光问题,也就是说,眼睛的屈光系统不能正确地弯折光线,从而导致视力模糊。近视(nearsightedness,也称 myopia)影响我们看远处的物体,而远视(farsightedness,也称 hyperopia)影响我们看近处的物体。散光则是由眼睛屈光体的表面弯曲度不一致引起,主要症状为视力模糊。有些学生还可能存在眼部肌肉方面的问题,比如斜视,表现为眼睛不能聚焦、两只眼睛看向不同方向或向内偏斜;或者眼球震颤,表现为眼球不自主地快速跳动。

特征表现

学生失明或视力问题的严重程度千差万别,对学业、个人发展及社交互动的影响也各不相同。视力弱的学生可能会将纸张、物品举得很近,而且常常眯眼、眨眼、揉眼。有近视、远视或散光的学生通常会佩戴框架眼镜或隐形眼镜。他们有些面部

---

① 译注:法定失明(legal blindness),又译"法定盲",即按照一定的医学标准和法律规定所制定的眼盲标准。

表情可能会跟别人不一样，还有可能需要借助其他策略捕捉非言语信息。严重失明或有视力障碍的学生还有可能出现摇摆或转圈等行为。

教学建议

有专门为视障学生开设的特殊学校，班级规模较小。但有些批评人士称，这些学校对学生的学业要求不高，而且这些学生由于没有在普校受过教育，缺乏足够的知识与技能，很难找到有报酬的工作（AFB, 2016c）。与安置其他障碍学生一样，学校的教学团队及学生的家庭成员需要共同商定最适合学生的教育安置形式，可以是普通班级、单独教室、特教学校，也可以是既有辅助服务又有支持资源的其他环境。无论哪种教育安置形式，都有其各自的优点缺点。

失明或有视力障碍的学生会借助其他感官学习，因此他们更多依靠触觉、听觉、嗅觉以及动觉来提高学习效果。然而，并不是所有失明或视力弱的学生都擅长借助听觉学习（Cowan）。盲文课程是专为失明学生提供的，课文内容及辅助资料都提前翻译成了盲文。如果学生只是视力弱，那只需将印刷内容放大即可。不过，重点是要检查放大效果，以免插图、图形、图表以及其他视觉资料因放大而扭曲变形。

定向行走（orientation and mobility, O&M）是为视障学生提供的个性化服务。"定向"指的是帮助学生知道自己在哪儿、要去哪儿。"行走"指的是帮助学生从一个地方安全地移动到另一个地方，可以是穿过学校走廊去上下一节课、过马路、上公交车、在操场上锻炼、在学校举办演出或召开大会时上台下台，也可以是安全地上完一堂体育课或做完科学实验。此外，视障教师还会就学生所需的课堂策略及支持资源提供专业意见。根据学生的需要在课堂内外提供服务，帮助学生适应学校环境和课堂规范，有利于学生更好地理解周围环境中的提示和线索（Willings, 2015）。

融合策略

鼓励练习、加强运用、提高独立性

针对视力障碍或失明学生，需要培养其抗挫折能力和独立性。朝这个目标出发，学校工作人员就需要考虑如何为这些学生提供必要的支架式辅助，帮助他们实现独立。视力弱的学生在教学与考试期间往往需要更长的时间才能做出反应，或者需要一份书面指导才能独立、准确地完成任务。他们到了下午往往眼睛会感到疲劳，因此把考试安排在上午进行会好一些。将单词表里的单词分类、配上图片，或者用语音工具播放每个单词的发音、以数字化的形式介绍词汇，这些都属于合理便利。让学生多参与讨论、为他们提供比较清晰的图像、引导他们多探索，这样可以给他们更多机会应用所学知识，从而提高独立性。为学生提供数字化书架，放入各个学科的有声书，这也有助于提高他们的学习能力和独立性。

如果学生除了视力障碍外还伴有其他障碍，则需要综合考虑，为其量身定制融合策略。如果学生既失明又失聪，那么为他们提供有意义、规律性的活动至关重要，要让他们有机会和其他同学互动、相处、学习，这些同学也可以成为他们的同伴教练。尽管结构化、规律性的日常安排对所有学生都有好处，但是对于失明且失聪的学生来说尤为必要，因为这不仅有助于减轻压力，还能提高他们的行为调节能力及活动参与程度（Nelson, Greenfield, Hyte, & Shaffer, 2013）。患有白化病的学生对光线变化更为敏感，因此需要为他们做出相应调整（例如，从室外进入教室时，需要给学生一段时间适应室内的光线）。如果学生除失明外还伴有智力障碍，那么所需的支持就要更加细致，还要帮助其多加练习，逐步分析任务，从而巩固学过的东西。

主动调整环境

主动调整环境，可以最大限度地降低学生和老师的挫败感。试着从学生的视角看待周围的环境，就能发现潜在的困难，从而理解和尊重他们对于个性化合理便利的需求。如果学生喜欢坐在教室中间的位置，那就安排他（她）坐在同学中间（Cowan），这样有利于缓解眼部疲劳，也有助于他们融入集体。有些学生喜欢远离光源的位置，那么坐在远离窗边或者走廊照明的位置可能会更舒服。在其他学生进来之前，先让视障学生在教室里熟悉一会儿，适应一下环境。如果需要重新安排教室布局，他们就可以在这时提出需求，从而方便自己在教室内活动。

将教室的灯光调暗，用深颜色的纸盖住课桌或工作区域，把考试题打印在彩纸上，题目之间不要太过紧凑，这些方法都有助于减少眩光、增强视觉对比度，从而提高学生的注意力。有的学生可能还需要大一点的桌子，用来放置其他材料，还需要电源插座以供特殊设备使用。如果学生的残障情况确实需要某些服务，那就必须考虑为残障学生提供这些特殊设备（比如轮椅、专用照明设备、扩大和替代沟通设备、语音生成设备）。

重视语言、触觉和技术工具

要给学生提供详细的口头指导和书面资料，包括课文或者视觉材料。在适当的情况下，提前为会读盲文的学生提供盲文材料，包括课堂练习题、课文、实验操作指南、书籍资源、数学辅助资料以及各种标签。为年龄较小的学生准备适合其发展阶段的教学内容，根据学生个人情况确定教学进度、课业要求以及所需的支持服务，比如是否需要示范如何用力按压手指以及盲文材料（Hudson）。

根据学生的个别化教育计划，教师可能还需要提供其他合理便利，包括但不限于额外口头指导、大字版书籍、放大版页面、声控电脑，还可以把单词写在单独的卡片上，配上凸起的插图和例句，以便更好地将单词与复杂释义结合。讲解抽象概念时，比如在高中科学课上讲解"减数分裂"和"有丝分裂"时，可以用学生看得见摸得着的物品进行演示。例如，讲解"细胞分裂"这一概念时，可以在玻璃罐里用试管刷和珠子等工具模拟细胞分裂过程。小学生可以用剃须膏或沙盘拼写单词，利用触觉元素加深对视觉信息的记忆。

为失明及视力弱的学生提供的技术支持包括屏幕阅读器、视频服务、盲文记录器、语音播报计算器、电脑旁白功能、响声球（内置铃铛，体育课上抛球时会发出声音）、语音播报温度计、电子语音词典、凸起触觉图片，还可以对计数片[①]做出适当改动以用来代表不同颜色。在平板电脑或者其他电子或计算机辅助设备上也可以激活语音功能。使用 CaptiNarrator 应用程序（www.captivoice.com/captisite），在网上获取文本，将其放入播放列表，就可以收听网页上的内容。这对视障学生、外语学生（这款应用也可以翻译单词）以及有阅读障碍的学生都有帮助。台式扫描仪配有光学字符识别软件，可以将文本和扫描图像转换为机器可读的文本，从而帮助学生实现自主阅读。利用 BeSpecular 这款应用（www.bespecular.com），视障学生可以拍摄照片并用语音邀请他人描述这些照片，之后会有志愿者应邀对照片进行描述。

低科技工具包括视障学生可以玩的改良版桌游，比如用方形和圆形棋子分别代表红色和黑色棋子，或者 Scrabble 这种触觉拼字游戏。重要的是，这些改动并不局

---

① 译注：一种数学教具，帮助学生理解代数思想和代数方法。

限于课本，而是包括所有的学习材料。在课堂上玩棋牌游戏可以帮助学生学习话轮转换[①]，还能培养批判性思维。触觉地图是一种三维工具，可以帮助学生预览路线并导航，比如穿过走廊或者去洗手间。GPS 导航应用可以保存常去的位置，并提供多语言服务。无论使用低科技工具，还是高科技电子设备，都要考虑学生的个性化需求，从而帮助他们表现得更好。

向同龄人及成年人科普

一定要让其他同学明白，失明及视力弱的学生只是"看"的方式不一样，但在学习上也可以同样出色，且他们通常具备可用的视力，这一点是需要认可和注意的。不管学生使用盲杖、辅助技术还是需要额外的口头指导，都不该降低对他们的期望。对于视力障碍，同学及工作人员应该抱着这样的态度：只是视力方面存在差异，并不代表某种缺陷，更不代表学生没有能力。视障学生有权参加所有以班级或合作学习小组为单位的活动，以及乐队、合唱团、社团和运动队等课外活动。

坚持目标、不懈努力

如果可以提供合理便利、做出适当改动，那么失明或视力弱的视障学生也能取得和普通学生一样的学习成果（美国盲人基金会，2016a）。坚持目标，意味着要根据学生具体情况量身定制结构化目标，还要与学生本人及其家庭成员讨论。如果在定向行走方面需要更多帮助，那么可以咨询专业人员、视力康复治疗师或者专门研究视力问题的治疗师。

教师不一定要了解所有必要的策略，但一定不要忘了自己想要帮助学生达到的目标。如果计划驾车旅行却中途迷路，不要直接放弃，可以停车问路或使用导航。视力弱及失明的学生需要有坚韧的精神、积极的态度，要知道条条大路通罗马，不要轻言放弃。正如海伦·凯勒说的那样：最糟糕的不是失明，而是眼睛看得见，心里没远见。

---

① 译注：沟通领域术语，指会话中说话人和听话人角色的不断相互变换。

*

回顾本章有关视障及失明的内容，重点是要做到以下方面：

- 鼓励练习、加强运用、提高独立性。
- 主动对环境做出调整。
- 为学生量身定制语言、触觉和技术工具。
- 向同学及工作人员做科普。
- 坚持目标，积极努力。

第十二章
肢体障碍

障碍原因

  肢体障碍可能源于意外、物质滥用、儿时受虐、脑瘫、脊柱裂及脑损伤等神经性运动障碍，或者脊髓灰质炎、骨结核等疾病（Disabled World, 2016; Project IDEAL, 2013）。神经性运动障碍会影响脑部、脊髓及神经系统的功能，传向肌肉的神经冲动也会受到影响。肢体障碍可能发生在孩子出生前、出生时或出生后的任何阶段。此外，胎儿酒精综合征、幼年类风湿关节炎、癫痫以及艾滋病都有可能导致肢体障碍。因此，肢体障碍既有可能是先天遗传，也有可能与后天的健康损害有关，包括神经肌肉、骨骼、骨骼肌以及其他方面的损害（家长信息与资源中心，2015；教育百科全书，2016）。

特征表现

  如果按照《残疾人教育法》的规定对有生理障碍的学生进行分类，那么这些学生通常会被划到"肢体障碍"类别，或者更大的类别，即"其他健康损害"。每一位肢体障碍学生的特征表现都不一样，但其智力范围与普通学生是一样的。肢体特征与四肢受限程度（比如瘫痪、截瘫的影响）以及运动表现有关，比如肢体痉挛（肌肉紧绷、僵硬，中枢神经系统发出"失衡"信号）、舞蹈手足徐动症（不自主运动）、失张力发作（肌肉张力降低，伴有癫痫发作）等都有可能影响肢体运动。此外，肢体障碍学生也有可能被划归其他类别，还有可能患有癫痫、脊柱裂、骨科及肌肉疾病、肌肉萎缩、幼年类风湿关节炎、脊柱侧弯、脆性X染色体综合征以及脊髓性肌肉萎缩症等疾病（Handicaps Welfare Association）。学生的精细或粗大运动技能也会受到影响，例如精细动作问题会影响学生对手腕肌肉的控制。肢体障碍会导致各种各样的行为特征和学习表现，障碍程度不同，学生的能力、兴趣以及学业表现也各有不同。

教学建议

肢体障碍及其严重程度会影响学生的耐力，进而影响他们在学校的行为表现（出现注意广度下降、记忆力下降、坐立不安等问题）。如果学生必须频繁住院或长期缺课，其学习成绩和社交技能也会受到影响。如果学生需要在学校接受医疗护理（比如插管治疗），就要安排学校护士等相应的学校卫生人员介入。无论学生是否有肢体障碍，都要时刻关注他们的安全问题。一定要为学生提供合理便利，既要考虑学生的水平、兴趣及耐力，还要注意不降低其课业标准。有哮喘、糖尿病及癫痫等其他健康损害的学生会有一些特殊需求，任课教师需要对此有所了解。教师还需要与学生家庭成员、学校护士、校外医生、物理治疗师、行为干预专业人员以及其他提供服务的专业人员沟通、合作，商讨有关学生安全、用药、日常事务以及"最佳方案"的安排。此外，请注意，注意力缺陷多动障碍可能也会划到"其他健康损害"类别（详见第二章，了解具体的特征表现、教学建议、融合策略及专业资源）。

融合策略

开发利用各种工具

肢体障碍学生可能会用到各种适应性辅助设备（比如改装键盘、电脑控制的开关、录音设备、软垫椅子、助听器、助视器、改装剪刀、代替传统书写工具的设备、带斜坡的书写垫板），因此教师要学习如何结合教学活动高效地利用这些设备。有些办法不需要什么高科技，也可以试试。例如，将书写纸粘在学生的课桌上，即使学生的手不够稳，纸张也不会移位，或者请校工升高或降低学生的课桌，以适应轮椅的高度。做实验的时候，用胶头滴管代替普通滴管，这样一来，就算学生没做好精细动作，也能轻松控制滴液量。为学生提供软垫或豆袋坐垫[①]。允许学生搞砸事情，让学生在这个过程中学到东西，而不是体验沮丧的情绪。

---

① 译注：即懒人沙发。

可以利用各种各样的资源、方法及材料,包括但不限于用橡皮泥练习挤压动作、用较大的书写工具锻炼手部耐力或者制作不同尺寸的握笔器。不要直接告诉学生答案,让学生自己探索也至关重要,让他们在课本和亲身经历中发现并学到知识,这样才是在真正帮助他们掌握知识。有肢体障碍、其他健康损害的学生可能还需要更多的辅助,但帮助过多会妨碍他们独立,还容易产生依赖性。如果学生在视觉空间方面有困难,可以通过拼图、画画、搭积木以及玩观察力游戏等活动,让学生练习在一片杂乱中定位要找的东西。随着学生视觉技能的提升,他们对细节的注意力也会提高,这种进步会反映到各个学科的学习上,进而达到阅读、数学、科学、社会科学及其他领域的学业要求。如果学生在动作协调方面有困难,那也很好解决,调整教学节奏或者同意延时完成任务即可(因为学生耐力不足,经常需要休息)。

学业、功能并重

要实现学生个别化教育计划中的目标,重点是将学业目标与功能目标相结合。例如,有两篇文章,一篇是有关网络安全的纪实类文章,一篇是有关马戏团动物的文章,二者都可以让学生学到如何从书面材料中提取大意、做出推断,但是教师选择了前者作为教学材料,因为网络安全与生活技能的联系更加密切,而有关马戏团动物的文章虽然有趣,但对功能性技能却没有什么帮助。教师们要共同权衡、充分评估,要考虑所选材料是否适合学生的年龄阶段、是否紧密联系生活实际,还要做好计划,在保证安全的前提下,提高学生的独立性。要让学生了解如何在小组合作任务中分担责任、寻求帮助,如何从一个活动切换到下一个活动,这些也是非常重要的教学目标。

想让学生练习加减法,可以让他们注意银行账户里的存取款金额,这就是在练习功能性数学技能,这种技能有助于提高他们的独立性。在数学和阅读作业中融入的概念都应有助于提高学生的独立性,比如艺术、音乐、理财规划、饮食选择、体育锻炼等,以促进他们的个人发展,增强自信。这一点对所有学生来说都很重要,对有肢体障碍的学生来说尤其如此,因为他们的活动范围有限,亲身体验较少。

还要记住,有肢体障碍并不代表这些学生不需要培养以下能力:在课堂讨论时耐心等待、轮流发言,按时完成作业,以恰当的方式与同龄人及成年人互动等。不区别对待有生理障碍的学生,这么做也是在为全班学生树立榜样,让所有学生都得到应有的尊重与宽容。

争取团队支持

与社会工作者、物理治疗师、言语治疗师、作业治疗师等专业人员合作,因为他们可能早已对肢体障碍学生有所了解。向学生的家庭成员寻求宝贵意见,尤其是学生因肢体障碍而缺课时,更要把他们当作学生的学习伙伴。可以把教材发给家长,让学生自己补写作业,跟上进度。

争取其他学生的帮助,培养团队精神。这些同学还可以担任肢体障碍学生的学习助教,帮助他们在课堂及课外活动中进行社交互动。始终教育学生要"相互尊重",每个人的能力都有不同,表达方式也各不相同——肢体方面有障碍,不代表人有缺陷。

通常情况下,班上来了有肢体障碍的学生时,教师需要帮助其他同学提高这方面的意识。邀请所在地区的励志人物来班级宣导可能会有所帮助。作为学校"提高残障意识"项目的协调人,我曾请过一位患有脑瘫及注意力缺陷多动障碍的嘉宾来和一群二至六年级的学生对话。一开始,这位嘉宾就告诉学生,他们可以随便提问。学生们提了很多问题,下述问题只是其中一小部分,但从中依然可以看出低年级学生是如何看待残障人士的:

- 你的朋友都有什么残障?
- 你希望自己能走路吗?
- 你能打游戏吗?

这位嘉宾回答道,他很喜欢现在的自己,没想改变什么。他说自己确实有几个朋友是需要借助轮椅和其他辅助设备才能行动的,不过大部分朋友都是健全人士。他还说自己很喜欢打游戏。听到这些,学生们都瞪大了眼睛。后来,学生们看到他的轮椅背后贴着哈雷·戴维森[①]的保险杠贴纸时,也是惊叹不已。对于这些学生来说,教育的关键是让他们明白:每个人的行进速度都是不同的,学习成绩、社交能力、行为好恶也都各不相同——并不只有肢体障碍人士是这种情况,我们所有人都是这样的。

---

① 译注:Harley Davidson,著名的摩托车品牌。

举这个例子是想强调，无论是教育工作者还是学生，都不要用先入为主的观点看待有肢体障碍的学生，这一点非常重要。站在旁观者的角度，思考他们的特点，最大限度地发挥他们的长处和能力。

提供辅助、跟踪监测、淡化支持

可以提供帮助，但不能让学生产生依赖性。可以为学生提供提示卡，也可以为他们做出适当调整，但也要像前几节介绍的那样咨询团队专业人士的意见，在保证学生安全的前提下有计划地慢慢减少支持。根据学生的进步情况逐步放手，就像之前循序渐进地引入支持一样，要让学生不断提高自身技能、增强信心，直至最终独立完成任务。要为学生打造友好的环境，摆放桌子时要方便学生活动，避免学生从生理或心理上感觉受到排斥。肯定学生的长处，同时不要让行动上的障碍成为他们学业和社交方面的阻碍。为有肢体障碍的学生争取权益，清除他们成长路上的绊脚石。

画家安德鲁·怀斯（Andrew Wyeth）在其画作《克里斯蒂娜的世界》中描绘了一位女子在草地上悠闲自在的画面。从他的画中，我们看到了摇曳生姿的小草，还看到了这位女子，也就是安德鲁的邻居克里斯蒂娜，正凝望着远方。因为行动不便，她每天都要靠爬才能来到这片草地。年轻的她从不愿意依赖他人的帮助，勇敢地坚持做一名独立女性。很多不了解这幅画创作背景的人得知这一切后都非常惊讶。希望克里斯蒂娜的故事能给学校工作人员带来一些启示，促使大家本着积极的态度看待和描述有肢体障碍的学生。

*

回顾本章有关肢体障碍的内容，重点是要记住，这些学生：

- 需要友好的环境和友好的人帮助他们成长。
- 可以受益于有创意的辅助工具，这些工具会为他们提供帮助，但又不会使其产生依赖性。
- 有很多长处，不会受到肢体状况的限制。
- 需要自我倡导，并不断迈向独立。
- 是学校和社区中的平等一员。

第十三章
多重障碍

障碍原因

学校工作人员需要尊重学生的内心想法，认可并发挥每一位学生的能力。不管什么样的学生，都有薄弱的一面，与他们有没有个别化教育计划、504计划、"沟通档案"或者各种各样的行为干预计划无关。然而，从教育的角度出发，重要的是发挥学生的长处，突出学生的能力，学生在学校里、家庭中学习以及与同龄人、成年人相处时，他们的特质还要得到认同。例如，威利斯（Willis, 2007）指出，"LD"中的"L"指的是学习（learning），但"D"往往不止一个意思——可以是差异（difference），可以是缺陷（deficiency），也可以是障碍（disability）。然而，本书旨在为教育工作者提供支持，协助他们尽可能地帮助各种各样的学生实现学习目标，不管这些学生和普通人之间是否存在"差异"，也不管这些差异属于下述哪些方面：是情绪、社交、行为、认知、身体、沟通、感官、文化、种族方面，还是两个或多个方面。查克·克洛斯（Chuck Close）是一位有阅读障碍且身体部分瘫痪的艺术家，他认为，人永远都不该让别人用不属于自己的标准来评判自己的能力。

每一位学生的能力水平都不一样，影响因素也各不相同，这些因素包括家庭支持力度，注意广度，神经活动水平，早产，出生时缺氧，染色体差异，遗传性疾病，事故，感染，肢体、社交、行为和情绪方面的障碍以及前几章提到的各种各样的障碍。

特征表现

多重障碍意味着学生有不止一种障碍，但是有几种、哪几种、严重程度如何，这些都是不确定的（家长信息与资源中心，2015）。学生在学习、社交、情绪、行为、肢体、言语语言或感官方面存在障碍，多种障碍并存，便构成了多重障碍。有多重障碍的学生往往还有其他共病。例如，有创伤性脑损伤的学生可能也有情绪障碍或哮喘；有肢体障碍的学生可能会有孤独症、失聪或失明。多重障碍学生的特征表现也各不相同。与面对其他障碍学生一样，关键是要发掘、发挥每个学生的长处。重要的是记住，无论学生是有一种障碍，还是有多种障碍，都不代表其能力一定会因此受限。

教学建议

残障学生的状况各不相同，为他们提供的专门指导也应不同。这些学生往往在学习、记忆、说话、倾听、沟通、运用新信息、集中注意力以及完成自理和日常功能性任务等各个方面都需要支持。不管是什么样的学生，为他们提供指导的时候都要注意匹配其年龄和年级阶段。有的时候，如果任务超出了学生的学习水平或者可能对其身体安全造成威胁，那就让他们只参与其中一部分任务。此外，一定要重视学生在社交、情绪和学业方面的进步，并鼓励他们与同龄人合作。想要搞清楚每一位学生的情况，就意味着老师必须抛开学生的"标签"，深入地了解他们，而不是一直盯着他们的差异。

融合策略

早期密集干预

学校工作人员需要了解学生情况、学科内容以及教学条件，并据此制订教学策略（Marzano, 2009）。马扎诺（Marzano）指出，教学、管理以及评估三个方面的策略应该紧密相连。同样的策略并不一定适用于所有学生。需要注意的是，虽然本书提供的教学策略都是经过研究验证的，但是教育工作者也是在做实验，实验室就是学校，实验变量就是各种各样的学生。因此，同样的策略——即便是循证实践的策略——也可能对有的学生起积极作用，对有的学生产生负面影响。

例如，学生表现出违抗行为可能是因为课堂规矩实在太多，让他（她）感到不适；而有注意力缺陷多动障碍的学生反倒可能喜欢规矩多一些、要求严一点，这样就能更好地规范自己的行为。不过，这并不代表有违抗行为的学生就不需要遵守规则，这种矛盾是在提示我们要多了解学生。了解是沟通和反馈的基础，只有沟通和反馈顺畅，才能帮助学生构建更稳定的内心秩序，进而更好地规范其外在行为。同样是给学生提供可视化工具来记笔记，但是针对视力障碍、听觉处理障碍以及阅读障碍学生的不同情况时，要有不同的调整。给予正向反馈固然重要，但还是那句话，不管学生是有学习、情绪、沟通方面的障碍还是多重障碍，都应该根据他们的具体情况因材施教。

哈蒂（Hattie, 2012）提出，"最佳的教学实践"应该强调教师清楚示范，重视学生个体和整体反馈以及形成性评价，还要重视提高学生的自主性。基于研究结果开展适合学生年龄阶段和发展水平的教学实践，关键是进行系统的早期密集干预。辅助技术的形式多种多样，比如扩大和替代沟通设备；改装开关；特制课桌；可通过不同方式输入信息的电脑；配有无障碍辅助工具，适合视力障碍、听力障碍、肢体障碍、运动障碍以及学习障碍学生使用的平板电脑；带斜坡的书写垫板；带有特制握笔器的铅笔；记录信息的电子笔。针对学生的不同特点，教师可能需要做出很多调整，这些调整既要达到帮助学生的目的，又不能让学生产生依赖性，在学生的个别化教育计划中也会强调需要做出哪些调整。

明确教学目标

残障学生在学业、行为、社交、情绪、沟通、感官和肢体方面的困难各不相同，因此，采取的策略以及干预的类型、强度和持续时间也应有所不同。总的来说，结构化的融合环境应该是稳定的、有章可循的，还应该有各种各样的强化物，这样才能有利于实施调整、教学，最终提升学生在不同学科的学习效果。结构化框架，即教学计划，就可以保证这种稳定性。按季度、月、周或日制订教学目标，不仅对教育工作者有帮助，还能让学生成为最终受益者（Karten, 2010）。有人（Fisher & Frey, 2011）认为，一节课要达到什么目的，与这节课的主题、任务、要解决的难点或要回答的问题有关，这些内容既要让学生觉得有意义，又要与他们的生活息息相关。学校工作人员在安排日程时需要考虑不同学生的实际情况，既要明确严格的标准要求，又要根据不同学生的课堂表现做出调整。检验学习成果的时候，即便学生对学习内容没有完全掌握，也要看到学生的点滴进步。毕竟，想要完全掌握所学内容，需要一个循序渐进的过程。

具体实现路径和下述步骤类似。

第 1 步：树立积极的态度。

第 2 步：协作组织，共同探究。

第 3 步：重视数据，观察、分析并采取适当的干预措施。

第 4 步：加强人际关系，改进教学计划。

第 5 步：不断反思。

提供各种策略

学生可能需要帮助才能做到下列事情：记住并使用之前学过的技能；与同龄人及成年人恰当互动；提升自我效能；持续集中注意力；恰当应对焦虑、压力和倦怠情绪等。融合教室需要为学生提供各种各样的方法或工具，让他们能通过多种方式获取信息、表达需求以及处理日常事务，从而达到较高要求（想要了解具体操作方法，详见 CAST，2015）。例如，在"多语言"[①]课堂上，学生可以通过各种形式（比如辅助设备、单词表、手语）进行沟通，教学的重点是功能性技能，比如学会点菜以及看懂电影放映时间表。有些技能是需要不断学习的，比如如何找到并记住所需信息。从学前班到高中，学生需要掌握的技能都不一样，他们也许回答不出所有的问题，但一定要知道如何获取帮助，如何自己找到答案、解决问题——这是最终的目标。这就意味着学生需要知道遇到问题时可以向谁求助以及需要什么类型的帮助。每一位学生都是独一无二的，学校的工作人员也一样。想要知道应该何时何地为学生提供帮助，同时还不能让学生产生依赖性，就意味着老师要观察学生，采取相应的策略，引导学生自己反思并掌握这些策略。

将学生的日常活动及个人兴趣融入教学内容。例如，如果某位学生既有孤独症，又有学习障碍，数学推理能力弱，语言能力不高，但他（她）喜欢蝴蝶，那么就可以利用蝴蝶辅助教学。让他（她）数蝴蝶，或者与他（她）讨论有关蝴蝶的话题。学习数学中的对称性时，可以让他（她）仔细观察蝴蝶翅膀上的图案。除此之外，还可以让他（她）研究蝴蝶生命周期的各个阶段，或者以蝴蝶为主角写一个剧本。

实现自我管理：教师示范、学生练习、教师指导、合作完成

自我管理计划旨在帮助学生学会独立完成任务，并且主动跟踪、强化自己的行

---

① 译注：此处指的是多种沟通形式。

为（堪萨斯大学）。如果学生的能力水平不同，就要针对个体情况下放责任、跟踪监测、不断沟通并及时强化，从而帮助他们实现自我管理。下放责任通常分为四步：教师示范（I do）、教师指导（we do）、学生练习（you do it together）、独立完成（you do it alone）（Fisher & Frey, 2008），不过表 13.1 调整了原来的步骤顺序，同时把"独立完成"变成了"合作完成"（they do）。

表 13.1 自我管理

教师示范 （I Do）	学生练习 （You Do）	教师指导 （We Do）	合作完成 （They Do）

建构主义教学观强调的是建构知识，而不是死记硬背（剑桥大学三一学院，2002），因此对下放责任的原有步骤进行了调整，保证循序渐进，帮助每一位学生最大限度地发挥潜能，同时促进同学之间的团队合作。第一步"教师示范"中，老师只需提供必要的示范即可，尽可能不做说明，这是为了在第二步"学生练习"的过程中调动学生的批判性思维能力，而不仅仅是让他们死记硬背所学知识。第三步"教师指导"中，老师可以让全班学生一起讨论，并安排小组复盘。最后一步"合作完成"的过程中，学生既要独立完成自己的任务，还要与团队合作，并且保证质量稳定。

例如，老师先给学生示范如何以图解的形式介绍小说情节，然后让学生自己探索，之后再以小组形式分享自己的成果。最后一步是为了证实学生真正掌握了这项阅读技能，而不是死记硬背了老师示范的内容。学生的探究、反思以及自我管理能力逐渐提升，可以承担更多的责任，这个时候支架式辅助就可以慢慢撤出了。

师生配合

从学前、小学低年级到高中都可以应用这套"教师示范、学生练习、教师指导、合作完成"的教学模式。例如，教育工作者可以向学龄前儿童演示如何从一个活动切换到下一个活动。经过反复的个人练习以及合作练习后，有提示出现（比如音乐响起）时，个别（或全班）学生就会结束当前活动，开始下一项活动。最后，通过跟踪监测和及时强化，全班都会适应"活动切换"的要求。同样，讲解如何计算面积和周长时，数学老师首先通过直接教学向学生演示如何将带分数化为假分数（第一步"教师示范"）。之后，学生自己练习，完成假分数的转化（第二步"学生练习"）。然后看其他同学示范，与他们交流。如有需要，老师也可以提供指导（第三步"教师指导"）。最后，如果评估发现学生已经可以熟练地将带分数化为假分数，就意味着他们已经掌握了相关概念和策略，能够独立解决面积和周长问题了（第四步"合作完成"）。

家校合作

如果需要学生家庭成员的配合才能实现某一教育目标，比如学生需要完成某项调研或者读书报告、老师需要和家长一起制订家校合作计划以便监督学生完成并上交作业，或者想要帮助学生学习有效的时间管理技能等，这种情况下就要开展家校合作，让学生的家庭成员参与进来。例如，老师每周通过教师网站或通讯手册向学生的家庭成员分享相应的课堂内容（"第一步"）。之后学生可以在家继续学习（"第二步"）。接下来，教育工作者、学生家庭成员以及学生本人齐心协力、保持沟通，监测学生在家的进步情况（"第三步"）。最后，学生自己掌握了技能，在家和在校都可以独立思考并完成任务（"第四步"）。

全校上下齐心协力

全校上下齐心协力，指的是学校管理层也要参与进来。例如，学校管理层可以与教师分享差异化教学的理念策略。明确专业发展目标，引导学校工作人员结合不同学生的特殊需求和技能水平因材施教。第一步是示范如何设计各种各样的活动、如何融入技术，并利用数据根据学生的能力有效开展教学。第二步，普通教育教师和特殊教育教师与专家以及提供服务的专业人员合作，共同制订个性化的教学计划。第三步，学校工作人员指导学生完成学业任务，同时了解学生的个性化学习目标，这一步可能还需要学校工作人员与学生一起探讨、与学校管理层开会讨论，保证各方不断反思、精准调整。最后一步，如果学生和学校工作人员全都可以自主调整，那么他们就做到了任务"合作完成"。

　　如果学生可以做到自主调整，就能意识到下一步该做什么、怎样才是对自己负责，进而在不断反思中改进学业表现、改善行为举止。想要知道学生学到了什么、表现怎么样，可以听别人反映，也可以通过观察或书面记录了解，所以这里的关键不是记录这些方面的数据，而是让学生自主制订、调整并最终掌握适合自己的策略，不断取得进步。

附录 A
"扬长"活动建议

发挥视觉优势的材料或活动	• 图表、表格、图解以及信息图 • 连环漫画（www.readwritethink.org/classroom-resources/student-interactives/comic-creator-30021.html） • 与课程相关的图片、附带说明的绘画作品、挂图、可视化工具（http://freeology.com, www.pics4learning.com/） • 演示模板（www.teachthought.com/pedagogy/assessment/60-things-students-can-create-to-demonstrate-what-they-know/） • 闪卡（www.cram.com, https://quizlet.com/） • 手势动作（http://leader.pubs.asha.org/article.aspx?articleid=1921130） • 突出显示的文本 • 提纲和配以视觉效果的图形分析梳理工具（www.inspiration.com/Kidspiration） • 时间线（www.dipity.com, www.readwritethink.org/files/resources/interactives/timeline_2/） • 视频示范（www.watchmelearn.com/video-modeling/what-is-video-modeling） • 视频（https://animoto.com） • 图解词典（www.visualdictionaryonline.com）
发挥动觉优势的材料或活动	• (分站式教学的)教学站（http://thecornerstoneforteachers.com/free-resources/centers/setting-up-centers） • 在教室内走动，展示或复习课程内容 • 指尖玩具或涂鸦 • 多次短暂休息（www.gonoodle.com） • 实践活动（www.colorincolorado.org/article/hands-activities） • 实物教具 • 实物及虚拟教具（http://nlvm.usu.edu/en/nav/vlibrary.html）

续表

人际交往活动[①]	• 合作学习活动（www.colorincolorado.org/article/cooperative-learning-strategies） • 辩论、演说、对话、课堂讨论 • 早会/午会/周会 • 结对子 • 学生汇报 • 思考—结对—分享（www.readwritethink.org/professional-development/strategy-guides/using-think-pair-share-30626.html）
发挥听觉优势的材料或活动	• 提示音（http://wonderteacher.com/auditory-attention-getters-for-classroom-management/） • 听力材料 • 背景音乐（http://8tracks.com/explore/classroom/hot/1） • 与课程相关的歌曲、旋律、说唱音乐（www.flocabulary.com） • 讨论 • 提前录制的指令和说明音频 • 大声朗读（www.educationworld.com/a_curr/curr213.shtml） • 类比说明（www.wordmasterschallenge.com/listcategory/teaching-analogies） • 口头指令和复述（https://goalbookapp.com/toolkit/goal/following-directions-in-the-classroom）

[①] 译注：即发挥人际沟通优势的互动。

附录 B
各种策略、方法

这些干预措施适用于学业、社交、情绪和行为等领域以及不同能力水平的学生，还考虑到了学生的个人优势。请你在第二栏中写出这些干预措施与教学计划、教学过程以及测试评估之间的关联，同时观察全班、小组或个别学生的课堂表现，针对上述措施的实施效果写下简短的评语并注明日期。

各种策略、方法	实施效果
1. 提倡积极的态度。	
2. 保持环境有秩序、有条理。	
3. 重视教学效果、提高综合能力。	
4. 跟踪监测学生的进步情况。	
5. 及时提供真实、具体的反馈。	
6. 分步进行直接教学。	
7. 鼓励学生提升自我效能。	
8. 将学生的兴趣融入课堂教学。	
9. 教师的教学方法多样化，学生的参与方式多样化。	
10. 以新颖的方式导入课程，吸引学生注意力。	
11. 想方设法提高学生注意力，而不是惩罚其违规行为。	
12. 鼓励学生进行自我调整。	
13. 根据学生的水平按需提供支架式辅助。	

续表

各种策略、方法	实施效果
14. 注意观察应该何时以及如何慢慢撤出支持。	
15. 与其他工作人员、学生家庭成员、学生本人及其同学齐心协力，共同探讨和实施有效的教学策略。	
16. 对学生的课堂表现抱有较高期望。	
17. 加强策略性学习（比如借助电子笔记、记忆法、日历、便利贴等工具），帮助学生提升记忆力、条理性及概念应用能力。	
18. 鼓励学生积极参与。	
19. 肯定学生的努力和进步。	
20. 知道下一步该做什么：制订策略、做好准备、及时回顾。	

附录 C
个性化教学档案

个性化教学档案旨在为学校工作人员提供工具，收集学生的信息，针对学生开展个性化教学，并回顾他们的进步情况。这份档案概括介绍学生的能力水平，有助于更好地为其提供个性化学习体验。这也是一份工作档案，填写基础信息的时候可以参考学生的个别化教育计划或 504 计划，档案可体现学生的当前水平、年度目标以及技能掌握情况。该档案也适用于接受干预反应模式或多层支持系统服务的学生。无论学生有没有干预反应模式计划或者个别化教育计划，该档案都能为他们提供个性化学习体验，将个性化需求与相应的循证实践联系起来。使用时无须把每一栏都填满，但要注意，认可学生的长处、了解学生的兴趣，开展循证实践，这些做法都可以最大限度地减少他们面临的困难。个性化教学还包括协作规划[①]，从小学低年级到初高中，这种规划始终都在强调学生的自我调节能力。

学生信息：年龄　　年级 个别化教育计划分类（选填）[②]	
学生的长处	
学生面临的挑战	
学生在学校/家中的兴趣	
学业技能水平	
社交/情绪/行为技能水平	
沟通技能水平：言语/语言	

---

① 译注：协作规划（collaborative planning），指的是不同教育工作者共同制订计划和决策，以促进学生的学习和发展。
② 译注：学生符合个别化教育计划的哪一个类别，即学生是因为何种原因需要个别化教育计划。

续表

身体活动协调能力以及需要考虑的环境因素	
感官刺激处理能力以及需要考虑的环境因素	
功能目标	
转衔问题	
需要为其提供的合理便利	
需要为其做出的适当改动	
自我调节技能（学生借助合理便利以及适当改动等支持资源，实现自我成长、提高自倡导能力、掌握更多技能）	
循证实践：多层支持系统、干预反应模式、通用学习设计、理解为先教学模式、问题导向/项目式学习、差异化教学模式（详见附录E）	
资源/材料/技术	
合作伙伴 • 行政支持——旨在保持现状并推动进步（比如提供制定计划的时间、资源、材料、专业发展、情感支持） • 家庭支持——与学生的家庭成员分享策略、尊重彼此观点、巩固在校学习成果、传递团队合作精神 • 员工支持以及各专业人员的合作（比如其他教师、手语翻译、听障教师、听觉问题矫治专家、言语语言病理学家、学校辅导员、作业治疗师、物理治疗师、定向行走教练、行为干预专业人员、社会工作者、学校心理教师、教学督导、助理教师、班导师等） • 同伴支持/合作同伴	
进步情况（请写下评语并注明日期）	
建议	
其他想说的话：	

附录 D
扩展阅读书目

以下书目是一些小说/虚构类及非小说/非虚构类书籍示例，供学生和成人阅读，以增进人们对残障学生的了解和认识。

障碍名称	小学阶段	小学高年级/中学阶段
孤独症谱系障碍	*Blue Bottle Mystery*，凯茜·霍佩曼（Kathy Hoopmann）著 *Elemental Island*，凯茜·霍佩曼（Kathy Hoopmann）著 *Ian's Walk*，劳里·利尔斯（Laurie Lears）著 *Joey and Sam*，伊利亚纳·卡茨（Illana Katz）著 *My Brother Charlie*，霍利·罗宾逊·皮特（Holly Robinson Peete）、瑞安·伊丽莎白·皮特（Ryan Elizabeth Peete）合著 *My Friend with Autism*，贝弗莉·毕晓普（Beverly Bishop）著[1]	*Al Capone Does My Shirts*，珍妮弗·乔尔登科（Gennifer Choldenko）著[2] *Born on a Blue Day: Inside the Extraordinary Mind of an Autistic Savant*，丹尼尔·塔米特（Daniel Tammet）著[3] *The Curious Incident of the Dog in the Night-time*，马克·哈登（Mark Haddon）著[4] *House Rules*，朱迪·皮考特（Jodi Picoult）著[5] *Look Me in the Eye*，约翰·艾尔德·罗宾逊（John Elder Robison）著[6] *Mockingbird*，凯瑟琳·厄斯金（Kathryn Erskine）著 *The Reason I Jump*，东田直树（Naoki Higashida）著[7]

---

[1] 译注：中文书名《我的孤独症朋友》，由华夏出版社出版。
[2] 译注：中文书名《卡彭老大帮我洗衬衫》，由河北教育出版社出版。
[3] 译注：中文书名《我的星期三是蓝色的：一个孤独症天才的华丽蜕变》，由华夏出版社出版。
[4] 译注：中文书名《深夜小狗神秘事件》，由新星出版社出版。
[5] 译注：中文书名《残酷的家规》，由北京联合出版公司出版。
[6] 译注：中文书名《看着我的眼睛：我和阿斯伯格综合征》，由人民文学出版社出版。
[7] 译注：中文书名《我想飞进天空》，由中信出版社出版。

续表

障碍名称	小学阶段	小学高年级/中学阶段
孤独症谱系障碍	*Since We're Friends: An Autism Picture Book*，塞莱斯特·莎莉（Celeste Shally）、戴维·哈林顿（David Harrington）合著	*Rogue*，林恩·米勒-拉赫曼（L. Miller-Lachmann）著 *Rules*，西西亚·洛德（Cynthia Lord）著① *The Way I See It*，天宝·格兰丁（Temple Grandin）著② *A Wizard Alone*，黛安娜·杜安（Diane Duane）著
情绪障碍、社交障碍以及行为障碍	*Dude That's Rude!*，帕梅拉·埃斯佩兰德（Pamela Espeland）著③ *Good Bye Ouchies & Grouchies! Hello Happy Feelings*，琳内·纳姆卡（Lynne Namka）著 *How Are You Peeling?*，萨克斯顿·弗赖曼（Saxton Freymann）著 *Matt the Moody Hermit Crab*，C·麦吉（C. McGee）著 *Super Lexi*，E·莱斯科（E. Lesko）著 *When My Worries Get Too Big! A Relaxation Book for Children Who Live with Anxiety*，卡丽·邓恩·比龙（Kari Dunn Buron）著④	*The Adventures of Stretch More-Pick-Your-Path Stories for Solving Problems Together*，T·爱泼斯坦（T. Epstein）、R·格林（R. Greene）合著 *Cool, Calm, and Confident*，丽萨·M. 萨伯（Lisa M. Schab）著⑤ *The Glass Castle: A Memoir*，珍娜·沃尔斯（Jeannette Walls）著⑥ *The Mindful Teen: Powerful Skills to Help You Handle Stress, One Moment at a Time*，武钟（Dzung X. Vo）著 *Running with Scissors: A Memoir*，奥古斯丁·巴勒斯（Augusten Burroughs）著⑦ *Up and Down the Worry Hill*，奥尔琳·瓦格纳（Aureen Wagner）著

---

① 译注：中文书名《大卫的规则》，由河北教育出版社出版。
② 译注：中文书名《我心看世界：天宝解析孤独症谱系障碍》，由华夏出版社出版。
③ 译注：中文书名《我的校园没烦恼：不懂礼貌怎么办》，由晨光出版社出版。
④ 译注：中文书名《焦虑，变小，变小!》，由华夏出版社出版。
⑤ 译注：中文书名《美国儿童自信力训练手册》，由北京科学技术出版社出版。
⑥ 译注：中文书名《玻璃城堡》，由人民文学出版社出版。
⑦ 译注：中文书名《拿着剪刀奔跑》，由吉林文史出版社出版。

续表

障碍名称	小学阶段	小学高年级/中学阶段
注意力缺陷多动障碍	*All Dogs Have ADHD*，凯茜·霍佩曼（Kathy Hoopmann）著① *Eagle Eyes*，珍妮·格雷特（Jeanne Gehret）著 *Eukee the Jumpy Jumpy Elephant*，克利福德·L·科尔曼（Clifford L. Corman）著 *Putting on the Brakes: Young People's Guide to Understanding Attention Deficit Hyperactivity Disorder*，帕特里夏·O·奎因（Patricia O. Quinn）、朱迪思·M·斯特恩（Judith M. Stern）合著 *Shelley the Hyperactive Turtle*，德博拉·M·莫斯（Deborah M. Moss）著	*A Girl's Guide to ADHD: How They Feel and Why They Do What They Do*，K·纳多（K. Nadeau）、E·迪克森（E. Dixon）、P·奎恩（P. Quinn）合著 *Joey Pigza Swallowed the Key*，杰克·甘托斯（Jack Gantos）著② *Learning to Slow Down and Pay Attention: A Book for Kids About ADHD*，查尔斯·贝尔（Charles Beyl）著③ *Smart but Scattered: The Revolutionary "Executive Skills" Approach to Helping Kids Reach Their Potential*，佩格·道森（Peg Dawson）著④ *Zipper the Kid with ADHD*，卡罗琳·雅诺韦（Caroline Janover）著
读写障碍	*The Alphabet War: A Story About Dyslexia*，D·罗布（D. Robb）、D·皮亚扎（D. Piazza）合著 *The Don't Give Up Kid*，J·格雷特（J. Gehert）著 *Thank You, Mr. Falker*，派翠西亚·波拉蔻（Patricia Polacco）著⑤	*Double Dutch*，莎伦·德雷珀（Sharon M. Draper）著 *The Dyslexia Empowerment Plan*，本·福斯（Ben Foss）著⑥ *Fish in A Tree*，琳达·马拉利·亨特（Lynda Mullaly Hunt）著⑦ *Hank Zipzer, The World's Greatest Underachiever: I Got a "D" in Salami*，H·温克勒（H. Winkler）、林·奥利芙（L. Olive）合著 *Loser*，杰里·斯皮内利（Jerry Spinelli）著⑧

---

① 译注：中文书名《汪星人都有多动症》，由华夏出版社出版。
② 译注：中文书名《吞钥匙的男孩》，由未来出版社出版。
③ 译注：中文书名《我要更专心：如何帮助分心的孩子》，由化学工业出版社出版。
④ 译注：中文译名《聪明却混乱的孩子：利用"执行技能训练"提升孩子学习力和专注力》，由机械工业出版社。
⑤ 译注：中文书名《谢谢您，福柯老师》，由广西师范大学出版社出版。
⑥ 译注：中文书名《请爱我本来的样子：阅读障碍儿童优势赋能计划》，由中国纺织出版社出版。
⑦ 译注：中文书名《爬树的鱼》，由贵州人民出版社出版。
⑧ 译注：中文书名《想赢的男孩》，由晨光出版社出版。

续表

障碍名称	小学阶段	小学高年级/中学阶段
计算障碍	*Bump It!*，K·萨顿（K. Sutton）著 *This Is Not a Math Book*，安娜·韦尔特曼（Anna Weltman）著①	*Alex's Adventures in Numberland*，亚历克斯·贝洛斯（Alex Bellos）著② *My Thirteenth Winter*，萨曼莎·阿比尔（Samantha Abeel）著 *Snowflake Seashell Star*，亚历克斯·贝洛（Alex Bellos）著
智力障碍	*Be Good to Eddie Lee*，弗吉尼亚·弗莱明（Virginia Fleming）著 *We'll Paint the Octopus Red Our Brother Has Down Syndrome*，谢利·卡伊罗（Shelley Cairo）著 *What's Wrong with Timmy*，玛丽亚·施赖弗（Maria Shriver）著	*The Man Who Loved Clown*，琼·蕾·伍德（June Rae Wood）著 *The Memory Keeper's Daughter*，金·爱德华兹（Kim Edwards）著③ *Of Mice and Men*，约翰·斯坦贝克（John Steinbeck）著④ *Riding the Bus with My Sister*，瑞秋·赛蒙（Rachel Simon）著⑤ *A Step Toward Falling*，卡米·麦戈文（Cammie McGovern）著 *So B. It*，萨拉·威克斯（Sarah Weeks）著
沟通/感官障碍	*Apartment 3*，E·济慈（E. Keats）著 *El Deafo*，茜茜·贝尔（Cece Bell）著⑥ *I Have a Sister My Sister Is Deaf*，珍妮·怀特豪斯·彼得森（Jeanne Whitehouse Peterson）著	*All the Light We Cannot See*，安东尼·多尔（Anthony Doerr）著⑦ *Blind*，雷切尔·德沃斯金（Rachel DeWoskin）著 *Hurt Go Happy*，金妮·罗尔比（Ginny Rorby）著⑧

---

① 译注：中文书名《这不是一本数学书》，由花山文艺出版社出版。
② 译注：中文书名《数学王国的冒险之旅》，由中信出版社出版。
③ 译注：中文书名《不存在的女儿》，由四川文艺出版社出版。
④ 译注：中文书名《人鼠之间》，由人民文学出版社出版。
⑤ 译注：中文书名《彼岸的巴士》，由人民文学出版社出版。
⑥ 译注：中文书名《超听侠》，由贵州人民出版社出版。
⑦ 译注：中文书名《所有我们看不见的光》，由中信出版社出版。
⑧ 译注：中文书名《爱的学堂》，由人民文学出版社出版。

续表

障碍名称	小学阶段	小学高年级/中学阶段
沟通/感官障碍	*Knots on a Counting Rope*，比尔·马丁（B. Martin Jr.）、J·阿尔尚博（J. Archambault）合著 *Luna and the Big Blur*，雪利·戴（Shirley Day）著① *Silent Lotus*，珍妮·M·李（Jeanne M. Lee）著 *Talk to Me*，S·布里尔利（S. Brearley）著	*A Mango-Shaped Space*，温迪·马斯（Wendy Mass）著② *Miss Spitfire*，萨拉·米勒（Sarah Miller）著 *Of Sound Mind*，琼·费里斯（Jean Ferris）著 *Out of My Mind*，莎伦·德雷珀（Sharon M. Draper）著③ *Singing Hands*，D·雷（D. Ray）著
肢体障碍	*Andy Finds a Turtle*，娜恩·霍尔库姆（Nan Holcomb）著 *Rolling Along with Goldilocks and the Three Bears*，辛迪·迈尔斯（Cindy Meyers）著④	*Annie's World*，南希·利维森（N. Levison）著 *The Dive from Clausen's*，安·帕克（Ann Packer）著 *Freak the Might*，罗德曼·菲尔布里克（Rodman Philbrick）著⑤ *I Funny*，詹姆斯·帕特森（James Patterson）著 *Stuck in Neutral*，特里·特鲁曼（Terry Trueman）著 *The View from Saturday*，E. L. 柯尼斯柏格（E. L. Konigsburg）著⑥ *Wonder*，莎伦·德雷珀（Sharon M. Draper）著

---

① 译注：中文书名《戴眼镜的露娜》，由化学工业出版社出版。
② 译注：中文书名《芒果猫》，由晨光出版社出版。
③ 译注：中文书名《听见颜色的女孩》，由接力出版社出版。
④ 译注：中文书名《金发姑娘和三只熊》，由新疆青少年出版社出版。
⑤ 译注：中文书名《住在我背上的好朋友》，由天津人民出版社出版。
⑥ 译注：中文书名《四分之一天才》，由新蕾出版社出版。

附录 E
相关术语列表

AAC（Alternative Augmentative Communication）：扩大和替代沟通

AAIDD（American Association of Intellectual and Developmental Disabilities）：美国智力发育障碍协会

ABA（Applied Behavior Analysis）：应用行为分析

ABC（Antecedent, Behavior, Consequence）：前提、行为、后果

ADA（The Americans with Disabilities Act）：《美国残疾人法案》

ADHD（Attention Deficit Hyperactivity Disorder）：注意力缺陷多动障碍

ADL（Activities of Daily Living）：日常生活活动

ASHA（American Speech Language Hearing Association）：美国言语语言听力协会

APA（American Psychiatric Association）：美国精神医学学会

APD（Auditory Processing Disorder）：听觉处理障碍

ASD（Autism Spectrum Disorder）：孤独症谱系障碍

ASL（American Sign Language）：美国手语

AT（Assistive Technology）：辅助技术

BIP（Behavioral Intervention Plan）：行为干预计划

CAPD（Central Auditory Processing Disorder）：中枢听觉处理障碍

CART（Communication Access Realtime Translation）：实时沟通语音转写

CASEL（Collaborative for Academic, Social, and Emotional Learning）：学术、社会和情感学习联合会

CAST（Center for Applied and Special Technology）：特殊技术应用中心

CBA（Curriculum-Based Assessment）：课程本位评估

CDC（Centers for Disease Control and Prevention）：美国疾病控制与预防中心

DI（Differentiated Instruction）：差异化教学

DOL（Daily Oral Language）：日常口语

DSM（Diagnostic and Statistical Manual）:《精神障碍诊断与统计手册》

EBP（Evidence-Based Practice）：循证实践

ED（Emotional Disturbance）：情绪障碍

EHA（The Education for All Handicapped Children Act):《残疾儿童教育法》

EF（Executive Functions）：执行功能

ESSA（The Every Student Succeeds Act):《每一个学生都成功法案》

ESY（Extended School Year）：延长学年服务

FAPE（Free and Appropriate Public Education）：适合个人情况的免费公立教育

FBA（Functional Behavioral Assessment）：功能性行为评估

GE（General Education）：普通教育

IIAES（Interim Alternate Education Placement）：替代教育安置方案

ID（Intellectual Disability）：智力障碍

IDA（International Dyslexia Association）：国际阅读障碍协会

IDEA（Individuals with Disabilities Education Act):《残疾人教育法》

IEP（Individualized Education Program）：个别化教育计划

IQ（Intelligence Quotient）：智商

LEA（Local Education Agency）：当地教育机构

LRE（Least Restrictive Environment）：最少受限制环境

MTSS（Multitiered System of Support）：多层支持系统

OCD（Obsessive-Compulsive Disorder）：强迫症

OCR（Optimal Character Recognition）：光学字符识别

OCR（Office of Civil Rights）：民权事务办公室

ODD（Oppositional Defiant Disorder）：对立违抗障碍

OHI（Other Health Impairment）：其他健康损害

OT（Occupational Therapy）：作业治疗

PBIS（Positive Behavioral Interventions and Supports）：积极行为干预与支持

PBL（Project-Based Learning）：问题导向/项目式学习

PLAAFP（Present Level of Academic Achievement and Functional Performance）：当前的学业表现和功能水平

PT（Physical Therapy）：物理治疗

RAN（Rapid Automatic Naming）：快速自动命名

RTI（Response to Intervention）：干预反应模式

SDI（Specially Designed Instruction）：专门指导

SE（Special Education）：特殊教育

SEL（Social-Emotional Learning）：社会情感学习

SGD（Speech Generating Device）：语音生成设备

SLD（Specific Learning Disability）：特定学习障碍

SLP（Speech and Language Pathologist）：言语语言病理学家

TBI（Traumatic Brain Injury）：外伤性脑损伤

UDL（Universal Design for Learning）：通用学习设计

WWC（What Works Clearinghouse）：美国有效教育策略资料中心

ZPD（Zone of Proximal Development）：最近发展区理论

Translated and published by Huaxia Publishing House Co.,Ltd with permission from ASCD. This translated work is based on **Building on the Strengths of Students with Special Needs: How to Move Beyond Disability Labels in the Classroom** by Toby Karten. © 2017 ASCD. All Rights Reserved. ASCD is not affiliated with Huaxia Publishing House Co.,Ltd or responsible for the quality of this translated work.

北京市版权局著作权合同登记号：图字01-2025-0631号

图书在版编目（CIP）数据

特殊需要学生的融合教育支持 /（美）托比·卡滕(Toby Karten) 著；陈烽，李姝蕾，李晨阳译. -- 北京：华夏出版社有限公司，2025. --（融合教育实践系列）.
ISBN 978-7-5222-0801-5

Ⅰ．G76

中国国家版本馆 CIP 数据核字第 2024PF2605 号

特殊需要学生的融合教育支持

作　　者	［美］托比·卡滕
译　　者	陈　烽　李姝蕾　李晨阳
策划编辑	刘　娲
责任编辑	张红云
特邀审校	许　婷
责任印制	顾瑞清

出版发行	华夏出版社有限公司
经　　销	新华书店
印　　装	三河市少明印务有限公司
版　　次	2025 年 4 月北京第 1 版　　2025 年 4 月北京第 1 次印刷
开　　本	787×1092　1/16 开
印　　张	8.75
字　　数	150 千字
定　　价	49.00 元

华夏出版社有限公司 地址：北京市东直门外香河园北里 4 号　邮编：100028
网址：www.hxph.com.cn　　电话：(010) 64663331 (转)
若发现本版图书有印装质量问题，请与我社营销中心联系调换。